ニッポン
未完の民主主義

世界が驚く、日本の知られざる無意識と弱点

池上 彰
ジャーナリスト

佐藤 優
作家・元外務省主任分析官

725
中公新書ラクレ

はじめに

「次は民主主義を取り上げましょう」

佐藤優氏の一言で、この本の企画がスタートしました。正直なところ、一瞬、虚を衝かれる思いでしたが、よく考えてみると、コロナ禍にあって、まさに取り上げるべきテーマでした。

感染症が世界的に広がると、各国は国境を閉ざし、外国人を締め出す。その一方、国内では厳しい規制を敷いて、自由な活動を抑圧する。世界中が、私たちがイメージしてきた民主主義の理想を否定する行動に出ました。

感染拡大を防ぐ上で、中国の対策は、民主主義の対極に位置するものでしたが、それなりに功を奏し、経済活動が再開されています。

そうした強圧的な対応がとれない民主主義国は、感染が拡大してしまいました。こうした非常時にあって、民主主義とは極めて脆いものであることを、私たちは思い知りました。

しかし、台湾やニュージーランドでの対応は、民主主義を否定することなく進められ、効果を上げています。どちらも海に囲まれているから可能だったことは事実ですが、民主主義も捨てたものではないと感じられます。

また、感染拡大を十分に防げたとは言えないながらも、ドイツのメルケル首相の国民へのメッセージは、多くの感動を呼びました。旧東ドイツで育ち、移動の自由がなかった経験があったからこそ、国民に外出しないように呼び掛けるメルケル首相の苦悩は、共感できるものでした。

とりわけメルケル首相のメッセージの中には、「開かれた民主主義のもとでは、政治において下される決定の透明性を確保し、説明を尽くすことが必要です。私たちの取組について、できるだけ説得力ある形でその根拠を説明し、発信し、理解してもらえるようにするのです」という言葉がありました。議事録を残さず、公文書でも改竄してしまう政府が存在してきた国の国民として、「民主主義とは何か」を考えさせる絶好の機会となりました。

日本国内での感染症対策は、ロックダウン（都市封鎖）をすることなく、国民に自粛を呼びかけるという微温的なものでした。それでも二〇二〇年春の段階での緊急事態宣言は、それなりの効果を上げました。これは他国に比べて日本の「民度」が違うからだと放言した政府首脳もいましたが、実際は、自粛をしないと「自粛警察」によって〝摘発〟されてしまうという同調圧力が威力を発揮したというべきでしょう。

これを「民度」の問題と考えるのか、人々の人権を無視したファシズム的圧力と受け止めるのか。ここでも民主主義とは何かを考えさせられました。

一方コロナ禍で、効率一点張りの新自由主義の弱点が露呈しました。私たちの社会には、ゆとり（緩衝）が必要だったのです。これを機に新自由主義の見直しが進むでしょう。今回の事態を経て、在宅勤務に切り替えることができた人たちは、感染の危険を最小限に抑えながら雇用を確保できました。

しかし、感染の危険を冒しながら出勤を続けなければならなかった人も多く、こういう仕事の人ほど、雇用が確保されないという残酷な事態が起きてしまいました。格差が一段と広がったのです。

　さらにここへきて、ワクチンをいち早く入手できた国と、ワクチンが援助物資として届くのを待っている国との間での格差も生まれました。先進国の中でもワクチン争奪戦が始まっています。醜いことですが、これが現実です。

　コロナ禍は、いずれ収束するでしょう。そのときに、どんな世界が待っているのか。民主主義は生き残っているのだろうか。民主主義を生き残らせるためにも、いまこそ脆弱な民主主義の検証が必要なのです。

二〇二一年二月

ジャーナリスト　池上　彰

目次

ニッポン　未完の民主主義

世界が驚く、日本の知られざる無意識と弱点

第1章
ここまできた民主主義の形骸化
それが「普通」になる怖さ

ファシズムが愛した「専門家」

佐藤　太平洋戦争後のある時期から、日本では一貫して「民主主義の危機」が叫ばれてきたといっても、過言ではないでしょう。時代によって目の前の課題はさまざまでしたが、国家権力によってこの国の民主主義が奪われつつあるのではないのか、という議論が幾度となく繰り返されてきました。

ただ、今我々に差し迫る民主主義の危機は、これまでとは位相もレベルも違うというか、「いつの間にか、ここまできていたのか」という感が否めないのです。今回池上さんと「民主主義」を語り合いたいと思った背景には、ざっくり言うとそんな問題意識があります。

池上　今現在、民主主義が危機に直面しているという認識は、私も持っています。佐藤さんは、特にどのようなところにそれを感じるのですか？

佐藤　端的に言えば、二〇二〇年春以降、新型コロナウイルス感染症が拡大する中で、いくつもの対策が講じられました。それらの決定過程などを目の当たりにして、あらためて深刻さを思い知らされたのです。

私が最も違和感を覚えるのは、感染拡大のさ中、「専門家」と称する人たちが、何ら疑問を抱かれることなく、政治の前面に出てくるようになったことです。

池上　確かに、医療関係などの専門家がメディアに登場してこの問題について語るのは、「普通のこと」になりました。政府レベルでは、当初は医療関係者のみで構成される「新型コロナウイルス感染症対策専門家会議」が設置され、七月には経済学者や労組代表、シンクタンクやメディア関係者、県知事なども加わる「分科会」に「改組」され、現在に至ります。佐藤さんは「違和感」とおっしゃいましたが、国民の間には、「もっと専門家の意見を聞くべきだ」という声もあります。

佐藤　政治家がさまざまな課題に関して専門家のアドバイスを受けること自体、もちろん重要です。しかし、緊急の事態だからといって、本来の民主的な手立て、経路をバイパスして、何でも専門家の言うがまま意思決定が行われるとなると、話は別です。

問題は、専門家組織内の議論は、国会でのオープンなそれと異なり、ブラックボックス化しやすいということです。専門家集団の発言力が高まるほど、政治のブラックボックス化が進み、代議制民主主義が相対的に軽視されていくことになるのです。

池上　実際、「専門家会議」や「分科会」では、議事録の有無やその公表をめぐって揉めました。メディアが情報公開請求で専門家会議の議事録を入手してみたら、大半が墨で消されたいわゆる「ノリ弁」だった。

佐藤　私は、いたずらに危機を煽っているつもりはありません。実は専門家の重用というのは、ファシズムやスターリニズムの特徴でもあるのです。ナチス・ドイツは、専門家を最大限利用して、政策を遂行しました。

池上　当時のドイツ国民の多くも、そのことにあまり違和感を覚えてはいなかったのでしょう。

佐藤　一方、民主主義の下で行われるのは、あえて言えば「素人の政治」。だから、トランプ前大統領のような人物が出てくることもあるわけです。その「素人性」と「専門性」の折り合いをどうつけていくのか、どこで線を引くのかというのも、民主主義を考えるうえでは非常に大事なところのはずなのです。しかし、現実には、そんな議論は全部飛び越えて、事が進んでいる。

池上　確かに、さまざまな情報が飛び交って、ある意味浮足立っている時だからこそ、「まてよ」と立ち位置を確認してみることが大事になりますね。

オープンな議論が行われるはずの国会でも、コロナ対策については、主として政府側の不十分な答弁のせいであまり論点はかみ合わず、野党が要求した会期延長なども行われませんでした。他方、「官邸主導」で物事が決まり、行動の自粛を呼び掛けながら「Ｇｏ Ｔｏ」を推進するという、ちょっと首をかしげたくなるような施策も「強行」されました。ちなみに、菅総理がずっと「見直しは考えていない」と言っていた「Ｇｏ Ｔｏトラベル」は、突如二〇二〇年の暮れから一時停止となったのですが、この措置は、メディアの調査による内閣支持率の急落を受けたものであることが明らかでした。「民主的な経路」のところで議論を尽くすことはしないでおいて、「人気」が陰ると慌てて手の平を返す。率直に表現すれば、そういうことになるでしょう。

佐藤　そうした状況が、常態化している。平時ではないということを割り引いても、私には健全な姿には見えません。

ドイツの哲学者ユルゲン・ハーバーマスが、『後期資本主義における正統化の問題』で、こう言っています。

デモクラシーはもはや、あらゆる個人の普遍化可能な利益を認めさせようとする生活形式の内容によって規定されてはいない。それは、もっぱらたんに指導者と指導部を選抜するための方法とみなされている。デモクラシーはもはや、あらゆる正統な利益が自己決定と参加への基本的な関心の実現という道を通って満たされうるための条件という意味では理解されていない。それはいまやシステム適合的な補償のための分配率、すなわち私的利益を充足するための調節器ということでしかない。このデモクラシーによって自由なき福祉が可能になる。

（『後期資本主義における正統化の問題』岩波文庫、二〇一八年、一二三頁）

日本の状況に照らせば、こういうことです。

国民のみなさんは、いろんな欲求をお持ちでしょう。我々権力者は、時に専門家の知恵も借りながら、それを叶えて差し上げます。それで文句はないでしょうから、どうぞ信じて任せてください――。

そういう「自由なき福祉」が社会に増殖して、逆に政治的な回路を通して民意を実現するということが、できにくくなっている。そのことを、コロナ禍が図らずも白日の下にさらしたように思うのです。

池上　今の話ですぐ連想されるのは、安倍晋三前首相です。安倍さんは、デモクラシーを「指導者と指導部を選抜するための方法」とみなして、私は国民から選ばれた総理大臣なのだから、やりたいことをやって当然、という姿勢を貫いていました。その裏返しとして、国会の場で木で鼻を括ったような答弁を繰り返し、それを批判されても、意に介すことがなかったわけです。まさに、「自由なき福祉」を実践したと言っていいでしょう。

佐藤　コロナ禍の中、二〇二〇年七月五日に行われた東京都知事選挙では、現職だった小池百合子さんが六割近い得票率で圧勝しました。その日の夜のテレビ番組での池上彰インタビューが、例によって秀逸でした。国政復帰に意欲をみせていると噂される小池さんに、池上さんが「四年間の任期を全うしますか？」と尋ねると、「しっかりと都知事としての仕事を重ねていきたい」と明言を避けたわけです。池上さんが「約束しますか？」と念を押したら、「自分自身の健康をしっかりと守っていきたい」と。結局、知事の任期を全うするという確約はしませんでした。

池上　その通りです。

佐藤　「小池さんは、都知事を踏み台にして国政のしかるべきポストを狙っているのではないか」という「疑惑」は、選挙前からいろんなところで取りざたされていました。

池上　仮に小池さんが国政に返り咲くステップとして知事に立候補したとしたら、これほど都民を馬鹿にした、非民主的な振る舞いはないのだけれど、実際の選挙戦では、まったく争点になりませんでした。

佐藤　小池さんにケチをつけるというより、そういう都政の民主主義の根幹に関わるような問題がほとんど一顧だにされず、当然のように六割もの信任を受けてしまう、という現象に大きな疑問を感じるわけです。有権者としては、コロナでこんなに大変な状況なのだから、とにかくお金を出してくれればいい。政治が混乱するよりも、「私的利益を充足」させてもらうほうがいい。そういうところに安住してしまっているのではないか、と。

池上　気持ちは分かりますが、そうやって一度民主主義の基盤を棄損するようなことがあると、修復するのは大変です。

佐藤　構造としては、自分が働く会社の株式を持つ労働者に似ているかもしれません。彼らは、理論的には資本家なのですが、実際には経営に影響力を持つことはありません。一方で、出資を行うことにより、もしかすると自分からがっぽり搾取しているのかもしれない本物の資本家に、力を貸しているのです。

池上　「私的利益の充足」の対価としては失うものがあまりにも大きすぎると感じます。

検察に民主主義を託そうとする危険な有権者

佐藤　もっとも、日本の民主主義が相当変なことになっていると感じるのは、コロナ問題だけではありません。やはり二〇二〇年の一月に、安倍内閣は、東京高等検察庁の黒川弘務検事長の定年延長を閣議決定しました。

池上　検察庁法で、検察官の定年は六十三歳と決められ、一般の国家公務員の定年制度にはとらわれないことになっていました。にもかかわらず、従来の政府の見解を突然変更して延長したために、大きな政治問題になりました。わざわざ定年を延長したのは、それが時の政権を利するからだろう、と。

要は、自分たちの言うことをきく、いわば政権に都合の良い幹部をポストにとどめ、不都合なら退職してもらうという人事が認められると、政治を監視するはずの検察にまで忖度文化が醸成されるということを危険視したわけですよね。政治家の不正を捜査するためには、政治に対する中立性と一定の緊張関係が必要で、だからこそ、戦後の日本では、内閣が任命権を持ちながらも、検察側が決めた人事案を尊重する慣例が続いてきました。この件では、検察ＯＢからまでも「政界と検察との両者間には検察官の人事に政治は介入しないという確立した慣例がきちんと守られてきた」という意見書まで提出される異例の事態となりました。ネット上でも多くの有権者が声をあげ、最終的に政府は定年延長を見送りましたが。

佐藤　ただ、日本では、ある事件を起訴するか否かの裁量を検察官に認める「起訴便宜主義」を採用しています。本来は、カウンターバランスを取るために政治の側が人事権や指揮権を発動できるはずなのですが、事実上、それが封印されているという現実があることも認識すべきでしょう。

確かに、例によって時の安倍総理のやり方が強引だったとか、説明が足りないとかの批判は分かるのですが、視点を変えると、定年延長は選挙で選ばれた国会議員によって形成されている内閣が、行政である検察に対して権限を行使するということで、システム的にも許されていることです。決して権力の濫用とはいえない。

池上　なるほど。三権分立の仕組みに照らすと、そういうことになります。

佐藤　有権者が日本の民主主義を守るために検察の縄張りを守れ！　と盛り上がることは危険です。検察も構造上は行政府に属します。単なる行政機構である検察が国民から支持され、政治の抑止力として機能しようとするあり方は、日本に特殊なゆがんだ民主主義の形だと思います。本来、定年延長が気に入らないなら、有権者は次の選挙で政権を交代させればいい。それが正しいあり方だと思います。

私自身が逮捕されたこともあり、また、厚労省の村木厚子氏を捜査した障害者郵便制度悪用事件など、数多くの特捜の極めて偏った捜査に見られるように、彼らを「正義の味方」のように祭り上げることは危ないとしかいいようがありません。

そのうえ、私が解せないのは、そうした動きに対して、野党やリベラル派の人たちが〝敵の敵は味方〟よろしく、こぞって「検察頑張れ」になったことなのです。考えてみて欲しいのですが、今の検察がリベラル派の味方になることはありえません。

例えば、山城博治さん（元沖縄県庁職員、沖縄平和運動センター議長）は、辺野古の基地移転反対運動に関わってきた方ですが、東村高江《ひがしそん》のヘリパッドの抗議運動では、鉄条網を切断して逮捕、また、沖縄防衛局職員に対する公務執行妨害と傷害等で再逮捕、起訴され、五ヵ月ほど拘束されました。山城さんは、がんを患っていました。そんな状態で前科もないのなら、普通は起訴猶予か、しても略式起訴でしょう。

こういうケースに限って法を厳格に適用するというのは、辺野古の工事をつつがなく進行させたいという政府の意向を、検察が忖度しているからにほかなりません。山城さんは、二〇一九年四月に最高裁で懲役二年（執行猶予三年）の有罪が確定しました。

事ほど左様に、厳正中立、まして野党の意を酌む検察など考えられない。ところが、黒川氏の定年延長問題が起こって、検察が異を唱えたら、みんなが当然のようにその「応援団」になってしまう。あたかも検察の縄張りを守ることイコール民主主義を守ることである、という話になっているおかしさになぜ気づかないのか、私には疑問です。

池上　自ら直接検察と対峙したこともある佐藤さんだからこそ、そうした視座を持てるのでしょう。ただ、確かにおっしゃるような疑問がどこからも提起されないというのも、民主主義の劣化と言えるかもしれません。

ちなみに、検察の話が出たついでに言えば、最近気になるのは、今の山城さんとは逆に、被告を不起訴にしたとき、なぜそうしたのかを説明しないケースが、明らかに増えているんですね。

佐藤　「検察は、不起訴の理由を明らかにしていない」という話ですね。

池上　そうです。新聞を読んでも「なぜ不起訴なんだ?」という疑問に対する説明責任が果たされていないことが、非常に多いわけです。それこそ、「起訴便宜主義なのだから、俺たちの専権事項だ」と言わんばかり。メディアもそれ以上、あまり追及しません。

そういう状況を見ると、検察に対して国民代表がもっとグリップを効かせる必要があるのは、確かだと思います。

佐藤　その点で言うと、公職選挙法違反で起訴された河井夫妻の一件も不可思議です。買収は、したほうも悪いけれど、されたほうにも罪があるはず。本来ならば、そちらも捕まって起訴されないとおかしい。

池上　現時点では誰一人捕まっていませんね。少額を断れずに受け取った場合は略式起訴とか、金額の多寡で軽重を付けるにせよ、「お咎めなし」というのは、あり得ない話です。もし一〇〇万円単位でもらっていたら、問答無用で起訴しないと。しないのは、「許してやるから、知っていることを全部しゃべれ」という司法取引が事実上行われているからとしか、思えません。

佐藤　戦前の検事局の下で行われた予審制度の復活です。裁判に行く前に、予審判事による予審が行われている。でも、もしＮＨＫで取材先から一〇〇万円受け取ったことが露見したら、どうなりますか？

池上　それはもう、大問題になりますね。

佐藤　地方公務員、国家公務員が一〇万円横領したら、間違いなく懲戒免職です。一〇万円というのは、そのくらいの相場観なのです。にもかかわらず、あれだけ多くの人間が連座しているのに、まったくスルーされてしまう。そうなると、民主主義のルールに則っているはずの制度は、いったい何なんだ、ということになるわけです。そして、この問題に関しても、みんなあまり疑問を持っていないでしょう。

池上　それが大きな問題ですよね。河井夫妻はバッシングの嵐にさらされていますけど、収賄側が捕まらないことには、メディアも含めて鈍感です。さすがに地元の「中国新聞」は、かなり批判的な記事も書いていますけど、全国紙はあまり問題にしていません。

佐藤　やはり、そんなことより目の前の不安を解消してくれ、という感覚なのだと思います。しかし、そういう形で為政者に物事を委ねるというのは、民主主義の思想とは相容れないもののはずです。

そうした事実を見ていくと、確かに今の日本では一人ひとりが選挙権や被選挙権を持っていて情報にもアクセスできるのだけれど、それだけでは民主主義を担保できなくなっているのではないか、という問題意識を持たざるを得ません。ハーバーマスが指摘した通り、気付いたら民主主義の形骸化が深刻なレベルまで進行してしまった。形骸化どころか、このままいくと民主主義が何だったのか分からなくなってしまうのではないか、という危惧を私は強く感じるのです。

池上　残念ながら、その点はまったく同感と言わざるを得ません。

再びの首相「禅譲」劇

佐藤　もう少し、日本の民主主義の現状を深掘りしておきたいと思います。二〇二〇年九月十六日、菅義偉さんが第九九代内閣総理大臣の座に就きました。

池上　もう遠い昔の出来事に思えますが、憲政史上最長を記録した第二次安倍晋三政権が交代するという、歴史的な出来事でした。

佐藤　政権交代というのは、日本において民主主義というものがどの程度機能しているのかが問われる「応用問題」です。言い方を変えると、「日本の民主主義とはこういうものだ」というのが、よく理解できる。

池上　まさに国のトップと、それを支えて国政を運営していく人たちを選ぶ過程が、可視化される。では、あの政権交代が実際にどのようなプロセスで行われたのかということを、少し時計の針を戻して検証しておくのは、とても意味のあることだと思います。本当は、これも大手の新聞やテレビがきちんとやらなくてはいけない仕事なのだけど。

佐藤　今回の交代劇を見て私が想起したのは、二〇〇〇年四月に成立した森喜朗政権です。前任者の小渕恵三首相が脳梗塞で倒れたのを受けた緊急登板だったのですが、実質的には派閥の都合などを優先した自民党有力者による「密室談合人事」ではないかと、さんざん批判されました。

池上　有力者というのは、森さんのほか青木幹雄、村上正邦、野中広務、亀井静香さんの「五人組」でした。村上さんの「あんたがやったらどうだ」の一声で、森首相が誕生したのです。

佐藤　ところが、二〇年経ってもほぼ同じことが繰り返されているわけです。政党内の私的グループに過ぎないはずの派閥の利益追求、具体的には新政権発足後に有利なポジションを得たいという思惑から、最後は雪崩をうって菅さんに支持が集まった。政権交代にさまざまな思惑が絡むのは、どの国でもあることですが、このように「利益誘導」が目に見える形で国の最高権力者を選んでいるのは、民主主義国ではかなり珍しい現象だと言えるでしょう。世界から見たら、日本はかなり異質な、「不思議な民主主義国家」でもあるのです。

池上　そうなる背景には、自民党が連立を組む公明党も含めて圧倒的な議席を得ているという、内輪の政権移譲なり、たらい回しなり、好き勝手ができる環境があるわけですが。

佐藤　「派閥の利益」は、当事者たちにとってはこの上なく大事なのかもしれないけれど、基本的に国民や国家の利益とは無関係です。それをめぐって露骨に争えるというのは、中世に君臨したビザンチン帝国か、クレムリンか、はたまた御殿女中が跋扈《ばっこ》した大奥か。おっしゃるように、政権交代がないという現実を背景に、現代日本では宮廷政治的な世界が展開されているわけです。

池上　その結果、国民に無力感が広がっているのも事実です。政権が新しくなって、自分たちの暮らしがどうなるのか、皆目分からない。当時メディアで報じられたのは、

「菅さんは秋田出身の苦労人らしい」といった類《たぐい》の話題ばかりでした。

佐藤　「たたき上げの苦労人」はいいけれど、青年時代には日本はもう高度成長に入っていたわけです。第一次世界大戦中に書かれた河上肇の『貧乏物語』の世界から抜け出てきたようなストーリーは、実態と違うでしょう。どうして、そんな物語に回収されてしまうのか。

池上　出自や人となりを語るなとは言いませんが、それは、どんな日本をつくっていくのかといった総理の使命には、直接関係がありません。メディアには、そちらを質《ただ》してもらわないといけない。

佐藤　そもそも、超長期政権で日本は何が獲得できて、何ができなかったのか、という総括がまるでなかったでしょう。安倍さんの辞任会見では、自分の口からそれが語られたわけですが、実は「語られなかったこと」も重要だったのです。

例えば安倍政権は、二〇一四年に憲法の有権的解釈まで変更して、集団的自衛権の一部容認に踏み切りました。一つ大きな目標を達成したはずなのに、辞意表明会見では記者の質問に型通りの答えをしただけでした。審議の過程で、実際には集団的自衛権の行使に当たって、〝縛り〟がかけられてしまい、実質的には個別的自衛権の範疇にとどまるような実しか上げられなかったからにほかならないのだけど、そういう部分に焦点が当てられることはありませんでした。

池上　国土の防衛をどうしていくのか、その際に日本国憲法の規定との関係をどう考えるのかというのも、日本の民主主義が正面から見据えなくてはいけない宿題のはずですが、集団的自衛権の話も〝今は昔〟の感があります。辞任後に「桜を見る会」の問題が再燃しましたけれど、おっしゃる通り、政権自体の「功罪」はきちんと語られていません。政権の評価が曖昧なままでは、理性に基づく投票行動も期待できないでしょう。

佐藤　戦後、西欧型の民主主義が導入されるのだけど、結局根付かないわけです。完全に民意に背く政治が行われているわけではないとはいえ、民意との乖離はかなりある。なんとなく実態の摑めない鵺《ぬえ》のような政治が行われているのが、今の日本ではないでしょうか。

池上　その「鵺の政治」を体現しているのが、菅政権の誕生により、いろんな意味で存在感を高めた二階俊博という政治家です。誰かが、政策提案をしようと思って諄々《じゅんじゅん》と説明しても、聞き終わると、「だから何なんだ」と言ってしまうんだそうです。論理に対して論理で対抗するということをしないんですね。しかし、天下の自民党幹事長ですから、何とか説得しようと思った人間も、引き下がるしかない。

佐藤　だからこそ、二階さんは外交でも強いのです。党内からも「親中派」などと批判されることがあるのですが、「なに、隣の国とは仲良くしないといけないから」と、どこ吹く風。ある意味、これはすべての理屈を超えます。（笑）

池上　二階流地政学ですね（笑）。似たタイプの政治家に、かつて金丸信という人がいました。防衛庁長官の時に、駐留米軍の経費について日本の負担を大幅に増額する、という問題が持ち上がったんですね。国会でその根拠を問われた金丸さんは、「思いやりの立場で対処すべき」と答えた。やはり、完全に論理を超えているわけです。野党はこれを「思いやり予算」と命名し、今でも追及の武器に使っていますが。

佐藤　議論を重ねたうえで、「思いやりも必要だろう」と言うのなら分かるのですが、一足飛びに非論理的な結論に持っていってしまう。日本では、それがオールマイティのような「強さ」を持ち続けているのです。

日本学術会議にみる行政の肥大化

池上　菅政権発足後も、いきなり日本の民主主義が正面から問われるような事態が持ち上がりました。日本学術会議の会員任命拒否問題です。二〇二〇年十月一日に行われた新会員の任命に際して、任命権者である菅首相が、学術会議の推薦した一〇五人のうち六人を除外したんですね。二〇〇四年に、組織内部からの推薦を受けて会員に任命される制度となって以降、初めてのことでした。

「任命拒否」という事実もさることながら、菅総理が「総合的、俯瞰的に判断」などと繰り返すのみで、除外の明確な理由を語らなかったことも、批判を浴びました。

佐藤　その説明で納得できる人はいないでしょう。総理自身も、そう思ったはずです。

池上　そうした状況に対して、数多くの学術団体などが抗議声明を出したわけですが、十月十七日にイタリア学会が出した声明には、ちょっと興味をひかれたんですよ。ちなみに、イタリア学会は、イタリアの言語、文学、歴史、美術などイタリア学全般を研究する人々の交流を図り、日本におけるイタリア学の発展と普及に寄与することを目的に、一九五〇年に創立された団体です。
声明は、「私たちが最も問題とするのは、《説明がない》ことである」としたうえで、次のように述べます。

世界で初めて情報公開制度を始めたのはイタリアである。「執政官に就任して（前59年）、まずカエサルが決めたことは、元老院議事録と国民日報を編集し、公開する制度であった」（スエートーニウス『ローマ皇帝伝』第1巻「カエサル」20）。これが民主主義への第1歩である。それまで国民は元老院でどんな議論を、誰がしているか知る術もなかった。議員が私利私欲で談合を行なっても、知る由もなかったが、議事録が速記され、清書されて、国民に公開されるようになったおかげで、貴族の権力は大いに削がれた。隠れての不正ができなくなったからである。

私は、この声明のことを『毎日新聞』の報道で知ったのですが、公権力の情報公開のルーツがイタリアで、しかもすでに紀元前にそれが制度化されていたというのは、初耳でした。

佐藤　今の日本は、二〇〇〇年ほど遅れている（笑）。確かに、その声明には説得力があります。ただし、「正論」で学術会議の側が勝てるかどうかというと、話は別でしょう。相手は〝喧嘩のプロ〟なのだから。

この問題で私が恐れるのは、神学で言う「予言の自己成就」なのです。初めは根拠のない思い込みでも、人々がそれを信じて行動することで、「正夢」になってしまう。例えば、「〇〇信用金庫が危ない」という根も葉もない噂を信じて取り付け騒ぎが起こった結果、信金が本当に潰れる、といったことが起こりえるわけです。

この場合の「噂」は、「政府による学問の自由の侵害」です。少なくとも政権の中枢には、今回の人事に関してそこまでの意図はなかったのではないか、と私は見ています。

池上　にもかかわらず、実際に学問の自由への介入が起きてしまうかもしれない、というわけですね。でも、本当に官邸にはその意図がなかったのでしょうか？

佐藤　六人のうちの一人、歴史学の加藤陽子氏とは、共著を出したこともあるのですが、彼女は、福田内閣時代に政府の有識者会議の委員を務めたり、上皇ご夫妻が在位中には、他の歴史家とともに、頻繁に御所に招かれたりもしていました。そんな人物を「除外リスト」に載せるような稚拙なことを、官邸幹部がするとは考えられないのです。

池上　そもそも前例のない任命拒否自体、マウンドに上がっていきなりビーンボールを投じるようなものですからね。

佐藤　念願の総理の座を手にして早々、やることではありません。恐らくは、中枢よりは下の官僚が「画策」したものでしょう。誤解を恐れずに言えば、「国家の安全を守るために、異質なものは容認できない」という考えを持った人たちが、その任務に忠実であるがゆえに手を付けた。今までの人生の中で、「学知」というものが役に立った経験も持たない人たちだと思います。

たぶん本当のターゲットは、日本共産党系の民主主義科学者協会法律部会の関係者である松宮孝明氏、岡田正則氏、小沢隆一氏の三人だったはず。それにカモフラージュのための三人をプラスして載せた「拒否リスト」が、人事発令前に、あろうことか『しんぶん赤旗』にすっぱ抜かれてしまった。『赤旗』のスクープ、政権からすると政党機関紙への「情報漏洩」がなければ、発令の段階で官邸が見直すことも可能だったのに、引くに引けない状況になってしまったというのが、私の見立てです。

池上　官僚機構に詳しい佐藤さんならではの分析だと思います。とはいえ、そうなると、官邸の外にいる官僚がそうした前例のない人事を上げたことになります。ずいぶん乱暴なことをしたものですね。

佐藤　まさにそこに、今の日本の民主主義が置かれた危機の一面が覗いていると思うのです。ひとことで言うと、「行政権の肥大化」です。司法権、立法権に対して、行政権の力が相対的に高まり、その結果、一部の官僚の発言権が増しました。官僚が「俺たちがやってやろう」という自信を持つようになったわけです。そうした傾向は、政府が「迅速なコロナ対応」を求められる中で、ますます強まっています。

池上　なるほど。かつては官僚がそういう考えを持っていたとしても、実際に学術会議の人事に触るようなことはしなかった。今は、それができるんだという感じになっているというわけですね。

一般論で言えば、行政がてきぱきと物事を決めて実行するのは、大事なことです。しかし、本来議会のチェックが必要な部分をスルーして進めたりすれば、やはり三権分立の原則に反します。そのあたりも、非常に曖昧になっている感じが否めません。

菅政権の「真空」が生む怖さ

佐藤　今のような行政権の肥大化を生んだのは、さきほど池上さんも問題点を指摘した安倍長期政権にほかなりません。安倍政権の後半は、首相のリーダーシップのように見えて、政治を動かしているのは、実は「官邸の意思」でした。政策立案は側近に任せ、安倍さんが「必要だ」と思ったものにだけ、ゴーサインを出す。私は「首相機関説」と呼ぶのですが、そういう「システムによる政権運営」が定着したのです。勢い官邸官僚を頂点とする官僚機構は、強い力を獲得することになりました。

池上　菅さんも、基本的にそのシステムを引き継いだと考えられるわけですね。

佐藤　そうです。だから、長期政権後の交代劇にもかかわらず、熾烈な政争を見せつけたりすることもなく、すんなり幕を閉じました。政権の主体が政治家本人ではなく、システムであることの証左ではないでしょうか。

池上　「顔」が入れ替わるだけで、システム自体は揺るがないから、みんな平穏でいられた。

佐藤　ただし、その「顔」には、ちょっとした違いもありました。安倍さんは、憲法改正だとかの、ある種イデオロギッシュな「やりたいこと」が明確でした。しかし、菅さんには、それが見当たらないのです。

池上　あえて言えば、首相になることが目的だったと言えるのかもしれません。国家観のようなものは、全く感じられない。

ただ、憲法を改正するだとか、常に右手を振り上げていた安倍さんの時代、国民はちょっと〝政治疲れ〟を感じていたように思うのです。何も言わない菅さんになった当初は、正直ほっとしたところもあった。それが、就任直後の高い支持率につながったのではないでしょうか。

いきなり携帯電話料金やＮＨＫ受信料の引き下げを口にしたときには、安保闘争で倒れた岸信介内閣の後を継いだ池田勇人とのアナロジーを、ちょっとだけ感じたんですよ。

とりあえず政治から経済にシフトする、という。

まあ、国民所得倍増計画をぶち上げ、実際に高度経済成長を実現していった池田内閣に比べると、ずいぶんスケールの小さな話ですし、携帯もＮＨＫも総務大臣時代に「勉強」しているから、それをベースに提起しているのは明白なのですが。

佐藤　「やりたいことがない首相」というのは、ほっとするどころか逆に怖いと思うのです。「真空」ですから、周囲にあるものを深く考えずに吸い込んでしまう危険性がありますから。

さきほどの学術会議の問題は、吸い込んだというより、意図せぬ「もらい事故」のようなものでしたが、私はそういう怖さが早くも表出したな、と感じました。「もらい事故」だから、最初は動揺が隠せなかった。でも、徐々に風向きが変化しました。

安倍さんには、「コアな右派」という応援団がいました。彼らは、国家観の見えない菅さんからは、いったん離れたわけです。ところが、「任命拒否」で突っ張る姿を目にして、「菅さんもやるじゃないか」という感じになった。菅総理の側からすると、「私が任命権者として判断した」と言い続けているうちに、新しい権力基盤ができたような感覚を持ったのではないでしょうか。そうすることに、漠然とした「政治主導」の意味を見出すことになったのです。

池上　その結果、学問の自由への介入という「予言の自己成就」に至ることはないのか、と佐藤さんは危惧するわけですね。現実には、学術会議の民営化を俎上に載せるなど、そういう方向に舵が切られつつあるように見えるのですが。任命拒否された先生の教え子たちが、就職に響かないか心配を抱くなど、教育現場の動揺も問題になりました。

佐藤　最悪なのは、フェイクニュースも含めた学術会議に対する攻撃がネット空間に拡散することで、一九三三年に文部省が京都帝国大学教授の滝川幸辰を一方的に休職処分に追い込んだ滝川事件で、口火を切り、滝川教授を追放した蓑田胸喜のような人物が「活躍」できる環境が生まれることです。政権が直接手を下さなくても、現場は委縮し、結果的に自由な学問、研究が阻害されることになりかねません。

池上　それにしても、「もらい事故」だったことは割り引くにしても、学術会議の問題が発生して以降の菅さんの「答弁」は、かなり問題ですね。「自分で判断した」といいながら、「本を読んだ加藤陽子さん以外は知らない」と言うのですから。ではどうやって判断したのか、という話です。

佐藤　あれには、天皇機関説を痛烈に批判した徳富蘇峰を思い出しました。美濃部達吉の論文は読んでいないけれど、天皇機関説などという用語を口にすること自体、「日本臣民として、謹慎すべきものと信じている」と、彼は主張しました。

　でも、私がもし総理の側近にいたら、後付けの物語をいくつでも作れると思います。例えば、ジョージ・オーウェルの『アニマル・ファーム』の世界ですね。農園を支配していた豚が、動物たちで定めた規則に反してベッドで寝ていた。他の動物たちが抗議すると、規則に「ウィズ・シーツ」という言葉が付け加えられていた。つまり、シーツを掛けたベッドに寝てはいけません、掛けてないのだからＯＫなのです、と。

池上　ここで「動物農場」にたとえますか。（笑）

佐藤　もし私が官邸にいたら、菅首相には、「総合的、俯瞰的に判断しました」と三〇回繰り返してください、とアドバイスしたことでしょう。そこまでやれば、野党に攻め手はなくなったはずです。

池上　この日本学術会議の件に限らず、どうも菅総理はあやふやな国会答弁が多いですね。政権の側がそれでいいだろうと思っていて、実際にその手法が罷《まか》り通ってしまう。

佐藤　メディアも国民も、そういう対応が続くと慣れてしまう。少々の発言では驚かなくなってしまうわけです。

池上　まさに民主主義の形骸化です。本来、絶対に許してはいけないこと、慣れてはいけないことなのだけれど。

佐藤　私は、ケースによっては、木で鼻を括ったような答弁でやり過ごすことが必要なこともあると思うのです。しかし、国会で説明すべきことをせず、いたずらに行政権が拡大していくというのが好ましいことでないのは、明らかでしょう。あえて付け加えておくと、行政権は肥大化すると同時に、戦前の陸軍の統制派と皇道派のごとく、内部対立が先鋭化する危険が高い。

池上　勢力が拡大すると、えてしてそういうことが起こります。

佐藤　対立が政権運営に影響を与える局面も増えるでしょう。その結果、学術会議のような「事件」が、頻繁に発生するようになるかもしれません。

個人的な話で恐縮ですが、そういう権力の「怖さ」を、身をもって感じさせる出来事がありました。菅政権誕生後のことですが、私はあからさまに尾行されたことがあるんですよ。詳しいことは口にできませんが、当日の状況から、「陸軍」の一方の側による「牽制」であることは、間違いありません。

池上　行動を監視するというより、尾行の事実をわざと見せて、佐藤さんに何らかのメッセージを送ろうとしたということですか。私もそれ以上詳しくは聞きませんが、そんなことまで始まっているというのは、驚きです。

佐藤　政権そのものの批判をした覚えはありませんが、私の言動に不快なものを感じるグループが権力の中枢部にいるのでしょう。ただ、こういう話をしても、何度も仕事をしてお互い信頼関係を築いている池上さんだからこそ、今のような反応が返ってくる。普通の人は、「そんなのは、佐藤の勘違いだろう」、「デマで自分の話に関心を惹こうとしているのだ」という受けとめで、信じないように思うのです。今の日本でそんなことが起こるわけがない、と。

池上　外交官時代、ソ連崩壊後のロシアで、実際に命の危険にさらされるような経験をお持ちの佐藤さんだから、勘違いはあり得ない。

佐藤　デマでもありません。これではモスクワと一緒ではないか、と感じるくらい怖いことになっている。

池上　「そんな馬鹿な」と笑っていられない現実を直視する必要があるように思います。ともあれ、この間、世界でも「アメリカ・ファースト」を掲げるトランプ政権の跋扈、ある意味誰も望まなかったイギリスのＥＵ離脱といった「不思議なこと」が、次々に起こりました。そうしたものも重ね合わせて、人々の間にも漠然と「民主主義の危機」が意識されているのは、確かではないでしょうか。ただし、漠然としたままでは、本質は見えてきません。

佐藤　おっしゃる通りで、多くの人は「なんとなくおかしいぞ」という感じではないでしょうか。私は、十分に「怖い」。その現状認識を基に、池上さんと議論してみたいと思うのです。

第2章
日本型民主主義を問い直す

トッドによる民主主義の三類型

池上　日本の民主主義の危機には、グローバル化の波、例えば新自由主義的な潮流の影響で深刻化している種類のものもあるでしょう。一方で、すぐれて日本的な、さきほどの佐藤さんの表現を借りれば、「不思議な民主主義」ゆえにもたらされている危うさが、多分にあるわけです。危機の本質を知るためにも、処方箋を見つけていく上でも、「日本型民主主義」とはいったいどういうものなのかを、明らかにする作業は不可欠です。まずは、そこから「民主主義とは何か」の議論を始めてはいかがでしょう。

佐藤　いいでしょう。その概念も、実は漠然としています。

池上　日本型民主主義と言いましたが、それは「アメリカ型」や「ヨーロッパ型」や、民主主義にもいろんなモデルが存在することを前提にしています。言い方を変えると、西欧型民主主義イコール民主主義ではないということです。では、民主主義はいったいどんなふうに分類できるのか、ということが問題になるでしょう。

佐藤　その点に関しては、フランスの人口学者で歴史学者のエマニュエル・トッドの考察が参考になると思います。ちなみに、一九七六年に出版した『最後の転落』という本で、当時のソ連の人口動態の分析を基に、今後一〇年から三〇年の間にこの国は崩壊する、と予測した学者です。

池上　ソ連の崩壊は一五年後の九一年十二月ですから、「予言」は見事的中しました。

佐藤　そのトッド氏は、近著『大分断』で、民主主義には、「フランス・アメリカ・イギリス型」「ドイツ・日本型」「ロシア型」の三つの類型がある、と述べているのです。少し長くなるのですが、重要な指摘なので、関連する部分を正確に引用しておきましょう。

まず、「フランス・アメリカ・イギリス型」の民主主義です。例えば、フランスのパリ盆地の農民、つまりフランス革命が起きた場所での家族というのは、核家族で個人主義です。そこから生まれた価値観が自由と平等でした。パリ盆地の農民家族には、大人になった子供たちが親に対して自由であるという価値観があり、兄弟間の平等主義という価値観もありました。そのような地盤があった上で、識字率が向上し、その平等と自由の価値観は普遍的な価値観になっていったのです。

次に、「ドイツ・日本型」の民主主義についてです。日本の十二世紀から十九世紀の間に発展した家族の形というのは、直系家族構造で、そこでは長男が父を継いでいきます。ここで生まれた基本的な価値観は、自由と平等ではなく、権威の原理と不平等です。両親の代がその下を監視するという意味での権威主義と、子供がみな平等に相続を受けるわけではないという点から生まれた不平等です。つまり、日本の識字率がある程度のレベルまでいった時点で明らかになった価値観が、権威の原理と不平等だったのです。だから、軍国主義のように権威主義に基づいた形がとられた時期もありました。それはドイツを思い起こさせます。ドイツもまた、イギリスやフランスの価値観を取り込むことに失敗したからです。ドイツは、その家族構造が日本と似通っているのです。

民主主義の種類について最後に付け加えたいのが、「ロシア型」の民主主義です。西洋でしばしば議論の対象になるのが、共産党に続いたロシア政権の本質です。ロシアの基礎にある価値観は、中国と同じで、権威主義と平等主義です。そこに伝統的な宗教の崩壊が起き、共産党が生まれました。現在、ロシア人たちは投票をするようになり、その中で、世論調査が認めるように、彼らは一斉にプーチンに投票をしているのです。これは新しいタイプの民主主義と言えます。権威主義と平等主義に合致したタイプの民主主義で、一体主義的な民主主義と言えるでしょう。

（『大分断――教育がもたらす新たな階級化社会』エマニュエル・トッド著、大野舞訳、ＰＨＰ新書、二〇二〇年、七一～七二頁）

読んでお分かりのように、トッドは「権威と平等」を切り口に、現代の民主主義を三つに類型化しているのです。簡単に言えば、フランスなどの「西欧型」においては、〝権威の原理×・平等の原理〇〟、「ドイツ・日本型」は〝権威〇・平等×〟、「ロシア型」は〝権威も平等も〇〟――ということです。

池上　新型コロナがヨーロッパで蔓延し始めた頃、周辺諸国に比べてドイツの感染者数が少ないのは、政府のいうことに従う国民性のせいだ、という話がありました。そういうところは、日本人と似ているのかもしれません。

佐藤　「何々型民主主義」という分類や分析は、いろんな形で試みられていますが、このトッドのモデルは、「どこが、なぜ違うのか」をよく説明していると感じます。

池上　家族のあり方と識字率に着目して、分析しているわけですね。

佐藤　そこがポイントです。家族類型は文化の基本で、国民の集合的無意識を支配するわけです。フランスでは、識字が確立した時、つまり人々が広く価値観を共有し合える環境が出来上がった時代に、親は権威的ではなく、兄弟の関係もフラットだった。したがって、人間は自由で人類は平等なのだ、という考え方が普遍性を持ちました。

一方、日本で識字率が向上していったのは、江戸から明治です。家族の中では、家長、長子の権威、権利が高まり、国自体も「拡張主義」のさ中にありました。富国強兵のマッチョな時代を背景に、大日本帝国憲法ができていくという時代の思考が、日本型民主主義には取り込まれていったわけです。もし、卑弥呼の時代に人々が読み書きの術を手に入れていたら、今ごろ我々は、もう少し「自由で平等な」社会に住んでいたのかもしれません。（笑）

池上　いやいや、今だって十分平等な社会ではないか、という日本人は少なくないと思うのです。ただそれは、あえて言えば、企業の正社員や公務員だったり、十分な年金をもらえたり、資産を持っていたりといった「恵まれた人たち」だから、そう思えるのではないでしょうか。

佐藤　その通りです。非正規労働者、失業者、ひとり親家庭などに対して、日本社会はとても冷たいのです。しかも、その冷たさを、おっしゃるように多くの日本人が自覚していない、という現実がある。

これは、「ロシア型民主主義」と対比させるとよく分かります。その点では、そもそもトッドがロシア型を「権威主義と平等主義に合致したタイプの民主主義」と述べることに対しても、多くの日本人は違和感を覚えるはずです。

池上　今のロシアが平等主義なのか、と。

佐藤　ロシアの場合には、識字が確立した時には、すでに共産党による独裁政権が成立していました。でも、権威主義的な独裁体制の下であっても、国民が平等だったので、統治が成り立ったのです。この場合は、「等しく貧しい」という意味での平等ですが。

池上　ロシアでは、社会主義体制が崩れた後も権威主義は生き残り、今もプーチン大統領が高い支持を集めています。

佐藤　もともとロシア人は、ソ連時代も現在も国家を信用していません。裏返すと、国家には頼らない、という姿勢が徹底しているのです。その代わり、彼らは互いに助け合います。親族や友人だけでなく、苦しんでいる人がいると、誰もが出来る範囲で手を貸す。これは、ロシア社会に「平等の原理」が徹底しているからなのです。ソ連時代から現地にいた私は、理屈ではなく、体感としてそのことを知っています。ロシア人からすれば、日本人の他者に対する冷たさは、理解できないでしょう。

池上　残念なことに、それがコロナ禍でさらに表に出ることになりました。感染者は、日本ではまるで犯罪者扱いされます。

佐藤　「権威」の側が、先頭に立ってパチンコ店や「夜の街」をバッシングする。自粛警察が生まれる。最前線で戦う医療従事者をリスペクトするどころか差別する人たちが、少なからず存在する。外から見たら、けっこう異様な状況に映ると思います。ただし、それでも日本は、「日本型民主主義」に分類される、れっきとした民主主義国家なのです。

天皇制とニッポンの民主主義

池上　では、その「日本型民主主義」とは、いったいどういうものなのか？　日本でヨーロッパ型の民主主義が根付かなかった理由はあまたあると思いますが、天皇の存在を無視するわけにはいきません。

佐藤　おっしゃる通りです。

池上　ヨーロッパの近代の歴史でも「民主主義とは何か」を論じる時に、「王室」との関係は避けて通れないのです。歴史のある天皇制の下で、近代においては、ヨーロッパ型を参考にしながら民主主義のシステムを導入しようとした。特に戦後は、それに倣った国づくりを実行した。その結果出来上がっていったのが、世界的にみれば特異な日本型民主主義ということになります。

余談ながら、アメリカでも、初代大統領にジョージ・ワシントンを選ぶ時、彼を国王にしようという議論があったんですよ。アメリカの建国に携わったのは、多くが「王国」から来た移民たちでしたから。しかし、国王を国民が選んでしまうと、あまりにも絶対的な権力を与えてしまうことになります。ですからやめておこう、という結論になりました。

佐藤　国のトップが「公選」で、さらに「王」というのでは、権力にプラスして権威、オーラをも帯びることになりますから。日本でも、「首相公選論」が出ては消え、という歴史がありますが、やはり権力と権威の集中は避けようということで、今のところは落ち着いています。

池上　その権威は、天皇の権威とぶつかることにもなります。

佐藤　これも余談ですが、超長期政権を築いた安倍さんには、最後のほうで権威もつき始めていたように思うのです。それに対して、天皇を批判した人が「炎上」するようなことは、あまりなかったでしょう。でも、誰であれ安倍批判をすると、けっこう炎上になりました。私たちの権威を傷つけるのは許さない、という空気を、私は感じました。

池上　国会で一一八回「虚偽答弁」をしたのも、「権威」のなせる業だったのかもしれません（笑）。冗談はさておき、建国当時のアメリカは、「国王は戴かない」という理性的な判断をしたわけです。

佐藤　民主主義は、王を排した共和制と相性がいい政治システムです。おっしゃるように、その判断は正解だったと言えるでしょう。

では、本題の日本の天皇制はどうなのか？　ひとことで言ってしまえば、それは民主主義とは本質的に相容れないシステムです。天皇には戸籍はなし、名字もありません。民主主義社会の下では、そうした存在はあり得ないのです。「天皇を戴いた民主主義国家」というのは、厳密に言えば矛盾そのものと言えます。

例えば、第一次世界大戦後の一九二八年に、戦争放棄などを謳った「パリ不戦条約」が一五ヵ国で締結されたのですが、唯一日本だけが留保条件を付けました。第一条にある「人民の名において」という文言が大日本帝国憲法に規定される天皇の統治大権に反するのではないかとされ、当時の田中義一内閣は、これが日本には適用されないと宣言した上で批准したのです。「民主主義国家」のやることではありません。（笑）

池上　ただ、戦前の明治憲法の下では、天皇主権でしたから、ある意味分かりやすかったとも言えます。日本国憲法では、前文と第一条で「主権在民」が明記され、主権は国民の手に渡りました。ですから、今の時代に「不戦条約」が締結されたのならば、他の諸国と同様に「国民の名においては」一も二もなくサインしたでしょう。ただし、戦後に天皇制が消えてなくなったわけではなく、その権威は引き続き維持されているのです。

佐藤　日本国憲法第一条の規定は、「天皇は、日本国の象徴であり日本国民統合の象徴であって、この地位は、主権の存する日本国民の総意に基く。」となっています。主権者の総意に裏打ちされているのだから、相当な権威と言わなくてはなりません。しかし、実態は、在位中に退位を表明した上皇への批判が起こったり、あるいは民主主義的原理に基づくならば自由恋愛であるはずの親王の娘の結婚話が、大きな批判の的になったりする。権威である以上、「正しく」あってもらわなくては困ります、ということなのでしょう。でも、民主主義のルールからすると、かなりおかしな話になるのです。

池上　佐藤さんが指摘した「矛盾」こそが、日本型民主主義の本質を形づくっていると言わざるを得ません。

吉野作造の「民本主義」という知恵

佐藤　有り体に言えば、その矛盾を抱えた中で、どのように民主的な制度を構築するのかというところに、多くの先人が知恵を絞ってきたわけです。その中でも、私が今の時代に再評価すべきだと思うのは吉野作造です。昭和初期を生きた思想家の吉野が唱えたのは、民主主義ならぬ「民本主義」でした。

池上　吉野は、一九一六年、年号で言えば大正五年に雑誌『中央公論』に発表した「憲政の本義を説いて其有終の美を済《な》すの途《みち》を論ず」をはじめとする論文で、この用語を使いました。彼は、この論文で、デモクラシーの訳語には、「国家の主権は法理上人民に在り」という民主主義と、「国家の主権の活動の基本的の目標は政治上人民に在るべし」という民本主義の二つが考えられるとしたうえで、後者を採用したわけです。

ごく簡単に言えば、民主主義が「国民、人民が主権者である」と法的に規定するシステムであるのに対して、吉野作造の言う民本主義では、主権者が誰なのかを問うことなく、「政権運用の目的は民衆の利福にあり、政策の決定は民衆の意向に従うべき」とされるのです。

佐藤 民衆のためにより良い政治を行うのであれば、主権は誰が握っていようとかまわない。逆に言えば、主権者が民衆のための政を行うのが「民本主義」で、日本ではそのシステムを構築すべき、と訴えた。

池上 当時の日本は、日清、日露戦争に勝利し、国内では産業革命が完了して、工業生産力が右肩上がりの時代でした。欧米列強と渡り合う大国化への道をひた走る中、国民の政治的・市民的自由に対する意識も高まって、それが「大正デモクラシー」につながっていきます。そうした時代背景の中で、自覚した国民の不満や要求を国の政策に反映させる「民主的な」システムをどう構築するか。それを、天皇主権の下でどうやって実現するのかを考えた末に、吉野の出した答えがそれでした。

佐藤 彼は、事の本質がよく分かっていたのです。どうして「デモクラシー」をそのまま受け入れられないのかといえば、この国の根っこには、デモス（民衆）に、クラティア（権力）を完全に渡すことを止めるものが、埋め込まれていたからなのです。

池上　ある意味、妥協の産物と言えなくもないのですが、しかし、だからといって「非民主的」ではないわけですね。実際、彼の説いた民本主義は、大正デモクラシーの理論的基盤となり、一九二五年の普通選挙法制定に結実しました。当時、首相は元老の人選に基づいて天皇が任命していたのですが、前年に議会の多数派から首相が選出される政党内閣が実現します。これも、吉野が主張したものでした。

佐藤　さきほど矛盾だと言った「天皇を戴いた民主主義」を、不十分な面は残しながらも、見事に実現させたわけですから、吉野作造は十分な先見性を持ち合わせていました。

しかし、せっかく実現させた政党政治は一九三〇年代後半に崩壊し、日本は戦争に突き進んでいきます。そして、戦後は、今度は以前の世界観をひっくり返したような世の中になる。その歴史の変転の中で、民本主義はどうなったのか？　私は、内部で「民主化」のウェートを変動させつつも、連綿と受け継がれ現在に至る、と理解しています。

池上　なるほど。戦時体制に至るまでの短かな期間で潰えたのではなく、戦後天皇が君主から象徴に置き換えられた後も、民本主義の思想やシステム自体は変わることなく維持されている、というわけですね。

佐藤　そうです。言葉としては、「日本型民主主義」でも、西欧型の「狭義の民主主義」に対して「広義の民主主義」でもいいと思うのですが。

池上　ただ、ここで読者の方は疑問に思われるかもしれません。では、イギリスはなぜ「英国型民主主義」とは呼ばれないのか、と。

佐藤　イギリスには王室があり、さらには議院内閣制という政治体制も日本と同じです。

池上　ですから、日英は「皇室と政治」という点で、よく比較されるわけです。両者の違いについてもいろんな角度から考察できると思いますが、一つ日本と根本的に異なるのは、イギリスには人民が王室の力をどんどん削《そ》いできた、という歴史があることです。結果的に国のシンボルに祭り上げるようなかたちで、実質的な権力を奪い取ってきた。だから、痛烈な王室批判をやっても、パパラッチが追いかけても、日本のような騒ぎにはならない土壌があるのです。

佐藤　逆に「私ども夫婦は王室から抜けさせていただきます」なんていうことも、わりと自由にできる。（笑）

池上　イギリスの議会は、人民の立場から王室と戦ってきたという歴史を、非常に大切にしています。両者の緊張関係を象徴する「儀式」があります。議会が始まる時にエリザベス女王が議事堂として使われるウェストミンスター宮殿に出かけて演説するわけですが、その間、必ず議員の一人がバッキンガム宮殿に待機するのです。女王が人民の代表たる議会で拉致されたりしないように、王室は議会側からも「人質」をとるという慣習が、今も続いているんですね。もちろん、現在は形骸化していて、議員はバッキンガムでお茶の接待を受けているのですが。（笑）

とはいえ、日本では考えられないことです。それは、民主主義と民本主義の違いが凝縮された光景、と言ってもいいかもしれません。

日本大使館に「菊の御紋」が！

佐藤　さきほど触れたように、日本の天皇は、戦後、「国政に関する権能を有しない、国と国民統合の象徴」とされました。ですから、そもそも天皇主権を前提とした民本主義など現代にはありえない、と言うこともできそうです。しかし、果たしてそうなのでしょうか？
私は、日本型の民主主義を考えるうえでは、この「象徴」の持つ意味も正確に理解しておく必要があると思うのです。例えば、自民党でも保守派の城内実議員は、憲法第一条の「象徴規定」を改正すべきではない、という論者です。

池上 自民党の憲法改正草案では、天皇を「日本国の元首」に改めることを謳っているのですが。

佐藤 ひとことで言うと、「象徴は元首よりも重い」というのが彼の主張です。元首は戦争を始める時に宣戦布告をしなくてはなりません。そうすると、敗れた場合には、責任を負う立場になるわけです。元外交官だけに、そのあたりの論理はしっかりしていると感じます。

池上 なるほど。国政に関する権能を持てば、必然的に責任がついて回ることになりますからね。

佐藤 一方、象徴であれば、完全に無答責の立場に置くことが可能です。なおかつ、「国民の総意」があれば、制度的になくすこともできることに理論上はなっていますが、実際にそれが可能でしょうか？

池上　自らのシンボルを自分たちで取り去るというのには、かなり抵抗がありますね。

佐藤　そういう意味では、「絶対君主」よりも強い。言葉は悪いのですが、「象徴」というのは、非常に便利な肩書きなのです。

池上　さりとて、シンボルとしてただ鎮座しているわけでもない。例えば、天皇は憲法第六条で、「国会の指名に基いて、内閣総理大臣を任命する」ことになっています。日本学術会議の会員の任命を拒否した菅さんは、天皇の任命がなければ総理になれませんでした。

佐藤　日本の大使は、天皇の信任状を持って任地に赴きます。海外の外交使節も天皇に信任状を捧呈したところでそれと認められるわけですから、対外的には、天皇は国家を代表する絶大な権能を持っていることになります。

池上　世界中の日本大使館や大使公邸には、必ず「菊の御紋」が飾られています。

佐藤　でも、日本政府のシンボルは、「五七の桐」ですからね。

池上　「狭義の民主主義国家」であれば、大使館にも桐を掲げるはず。

佐藤　まさに、この国には民意では覆せないものがあるということの「印」だと言っていいでしょう。ただ、「覆せないもの」のレベルは、時代によって一定ではありません。
　例えば、ＧＨＱ（連合国軍最高司令官総司令部）の占領下にあった一九四六年、深刻な食糧難を背景に皇居前広場で行われた「食糧メーデー」で、「朕はタラフク食ってるぞナンジ人民　飢えて死ね」というプラカードが掲げられて問題になりました。結局、逮捕されて不敬罪で起訴された被告は、日本国憲法公布に伴う大赦により免訴されたのですが、もし今このプラカードを皇居の前で掲げたら、どうなるでしょう？
池上　動画を撮られて、大炎上するでしょうね。「こんなやつ許すな」と。
佐藤　私もそう思います。そうした行動を取った人物の顔写真、住所、電話番号などがネット空間に晒されて騒動になるはずです。
池上　私の学生時代には、天皇制のあり方について、民主主義になじまないのではないか、といった結構闊達な議論が行われていました。ただ、世の中の空気を変えた事件があったんですね。一九六一年に、前年暮れに『中央公論』に掲載された深沢七郎の『風流夢譚』という小説が皇室を侮辱しているとして、右翼の少年が当時の中央公論社の社長宅に侵入して、お手伝いさんを刺殺したのです。

佐藤　天皇とは関係ないのですが、六〇年には、社会党委員長だった浅沼稲次郎が、やはり右翼の少年に刺殺されています。六〇年安保闘争もあって、右も左も〝殺気立って〟いた時代です。

池上　そんなこともあって、いつしか天皇は、「神聖にして侵すべからず」ではないけれど、ある意味議論以前の存在になっていますよね。誰かに強制されるわけでもなく、「日本の象徴として、そこにいるのが当たり前」と考えられるようになったと言えばいいでしょうか。

佐藤　天皇家に対する親しみが増すと同時に、「タブー感」も強くなっているわけです。そういう天皇観を先取りしたのが、実は創価学会なのです。

池上　戦前の国家神道につながる天皇にどう対峙するのかというのは、創価学会にとって重要なテーマですからね。

佐藤　池田大作名誉会長の『人間革命』に、先代の戸田城聖会長の言葉として、「仏法から見て、天皇や、天皇制の問題は、特に規定すべきことはない。代々、続いてきた日本の天皇家としての存在を、破壊する必要もないし、だからといって、特別に扱う必要もない。」という一節が出てきます。要するに、肯定も否定もしない。脇に置いておけばいい、ということです。昭和二十二年に、そういうスタンスを明確にしたのですから、先取りと言っていいでしょう。

池上　天皇と正対することなく、上手にかわしたわけですね。

護憲運動にも埋め込まれた象徴天皇制

佐藤　改憲についての自民党の側の話をしましたが、実は象徴天皇制は、護憲運動にも組み込まれているんですよ。現行憲法の文言を変えない限り、第一条から第八条まで、すなわち天皇に関する規定もそのまま残るわけですから、当然といえば当然なのですが、その重要性を教えてくれたのは、社会党委員長だった土井たか子さんです。ある雑誌で対談した時に、「護憲においては、皇室がとても大事なのだ」と言うわけです。土井さんのそういった発言は、それまで聞いたことがなかったのですが、「誰も聞かないから答えなかったのだ」と言っていました。彼女は大変な尊皇家です。

池上　同志社大学時代の恩師である、憲法学者の田畑忍さんの教えですね。憲法九条を守ると言うのならば、同じ憲法の基本原理である一条から八条も守らなくてはいけない、と。

佐藤　土井さんは、ポツダム宣言受諾は革命で、それによって主権の所在が天皇から国民に移行した、という宮沢俊義説、いわゆる「八月革命説」を採らないと言っていました。現行憲法はあくまでも大日本帝国憲法の改正によって成り立っている。天皇の詔勅も付いているわけだから、という立場です。

ともあれ、彼女が明言するように、「護憲」という時には、必然的にその中に天皇制が「埋め込まれて」いるのです。いろんな意味で、その点にはもっと自覚的であるべきだと私は思うのですが。

池上　本気で天皇制が民主主義に反すると考えるのならば、「一条から八条は削除しろ」と主張しなければおかしい。実体的に護憲派からそうした声が聞かれない、という事実は重いと感じます。天皇制の下で民主主義が機能している証左とも言えるわけですから。

佐藤　日本では、それは「自明のこと」なのです。ところが、アメリカから見ても、ロシアから見ても、中国から見ても、まったく自明ではないのが不思議なところなんですね。（笑）

池上　かつて日本社会党は、棚ぼたではあったけれども政権を取ったことがあります。民主党が自民党から政権を奪った時には、有権者は総選挙で圧倒的な議席を与えました。象徴天皇制の下での政権交代だから、とみんなどこかで安心しているところがあるわけです。

山本太郎議員の「直訴」にみる日本の無意識

佐藤　なぜ共産党をいまだにみんな怖がるのかというと、そこなのです。

池上　天皇制を否定されるんじゃないか、ということに対する無意識の恐れ。

佐藤　ただし、遅ればせながら、彼らも天皇制に対する評価を変化させています。二〇二〇年に改定された現在の共産党綱領では、憲法の天皇条項について、次のように述べます。

（略）形を変えて天皇制の存続を認めた天皇条項は、民主主義の徹底に逆行する弱点を残したものだったが、そこでも、天皇は「国政に関する権能を有しない」ことなどの制限条項が明記された。

この変化によって、日本の政治史上はじめて、国民の多数の意思にもとづき、国会を通じて、社会の進歩と変革を進めるという道すじが、制度面で準備されることになった。

共産党はかつては、「君主制の廃止」を綱領に掲げていました。もっとも共産党にとって天皇制（君主制）の廃止は原理原則に属します。二〇〇四年の前回の綱領改定で、制限条項があるのだから、現状でも民主共和制の実現が可能なのだ、という認識を示したのは、まず民主主義革命を行い、それから社会主義革命を行うという戦術に基づくものです。天皇制をめぐって国民の反発を買うようなことはしないという判断なのでしょう。

池上　やはり、全面対決は避ける方向に転換したのですね。共産党は、戦前から「天皇制の専制支配」と戦い続けてきたというのが金看板だったのですが、大きく変化しています。かつて共産党は、天皇陛下が臨席する国会の開会式には、現憲法の国民主権の原則から逸脱するとして、欠席していました。しかし、二〇一六年の通常国会からは、出席するようになった。

佐藤　生前退位の代替わりの頃、二〇一七（平成二十九）年四月から『しんぶん赤旗』に元号を表記するようになりました。

池上　そうですね。あれには驚きました。ある意味、画期的なことです。国民の広い支持を得るためには、そこで妥協しなければいけないということに気付いたのでしょう。日本共産党は、「日本型共産党」になりつつあるようです。（笑）

佐藤　この国に天皇制があることによって、民主主義も特殊なら、創価学会のような宗教団体や共産党までもが特殊になっていくということです。

池上　そういう構造だから、日本が「広義の民主主義」からアメリカ型のように転換するということは、まず考えられません。

佐藤　そう思います。ただし、天皇を戴くリスクというものも、リアルにみておく必要があると思うのです。

今の上皇が天皇だった時、陛下の性格とも相まって、右派と左派のねじれが生じました。右派は、権威の維持よりも「国民第一」に映る天皇に対して、危機感を抱いたわけです。これに対して、一部の左派が、天皇の属人的なものが民主主義を担保しているかのような考えに傾いた。これは、左派の発想の方が怖いのです。天皇という国政に関与する権能を持たない存在に依存しようというのは、民主主義の根本に反する思想ですから。

池上　それは、憲法第一条の規定から逸脱します。

佐藤　そういうなんとなく左派にある「期待」が可視化されたのが、二〇一三年十月の秋の園遊会で、参議院議員の山本太郎さんが「直訴状」を手渡した一件です。なんのポエムが書かれていたのか分かりませんが、あれほど「反民主主義的」な振る舞いはありません。

池上　現代版田中正造とか言われましたが、田中が足尾鉱毒事件を直訴したのは、明治天皇の時代です。当時の帝国議会衆議院の選挙権は、高額納税した男子のみ。富国強兵政策の下で、政府は鉱毒事件に耳をふさぐ、という時代背景だったわけです。

佐藤　山本氏本人は、「陛下を政治利用したことには当たらない」と言いましたけど、では何の目的であんなことをしたのか。

池上　天皇陛下に何らかの発言、行動を求めたと考えるのが自然でしょう。

佐藤　現実の政治が停滞しているからといって、そうした超法規的な問題解決を志向するというのは、非常に危険です。そういう芽が出始めているところにも、じゅうぶん民主主義の危機を感じるのですが、メディアを含めて反応は鈍かった。

池上　鈍いどころではありません。リベラルを標榜する一部の報道機関まで、昨年来のコロナ禍で天皇のおことばがないことに疑問を呈していました。ビデオメッセージを出してほしかったのですね。この国がいかに天皇制を自明のものとし、それが無意識下にあるかが改めて浮き彫りになる記事でした。日本は、特殊な国なのです。

民主主義の危機に高揚した「六〇年安保」

佐藤　いったん天皇制から離れて、「日本型民主主義」について話を進めましょう。終戦後に盛り上がった民主主義の議論、運動は、さまざまな要因で下火になっていったわけですが、もちろん鎮火したのではなくて、時々燃え上がる瞬間がありました。その最たるものが、私の生まれた年の日米安保条約改定をめぐる「六〇年安保闘争」だったと思います。

池上　安保条約は、一九五一年のサンフランシスコ講和条約と同時に、日米の二国間で締結されました。今日本に「在日米軍」という外国の軍隊が駐留しているのは、この条約があるからです。ただし、その「旧安保条約」には、アメリカが基地を置く権利は明記されていたものの、米軍が日本を守る義務はどこにも記されていませんでした。それではあんまりだろうということで、六〇年に「相互協力」を謳った改定が行われるわけですが、左派を中心に、米軍基地の固定化で日本が戦争に巻き込まれる危険が高まるといった主張の下に、大規模な改定反対運動が起こりました。構図としては、そういう「闘争」です。

佐藤　六〇年安保は、全体としてみれば、広範な大衆運動でした。重要なのは、当時、その大衆運動のほうは、ほとんど暴力化しなかったということです。むしろ、警察のほうが国会周辺を取り囲む大衆などに対して、暴力を振るった。

池上　それくらい、政権の側が追い込まれたわけですね。

佐藤　国会の運営自体、衆議院で強行可決して自然成立を待つという、ある意味〝ウルトラC〟でした。

池上　条約の批准は衆議院が優越する、簡単に言えば参議院での審議は関係ない、という憲法の規定がありますから。採決も、警官隊や、自民党が公設秘書として動員した右翼の青年たちが、座り込む社会党議員を力づくで排除したりするという乱暴なものでした。

佐藤　結果的に新条約は国会で批准されましたが、予定されていたアイゼンハワー米大統領の訪日は見送られ、時の岸信介総理大臣は、安保条約と刺し違えて辞めざるを得なくなりました。議会が十分機能しなくなった場合でも、合法的な大衆運動で政治を動かすことはできる。そういう大衆型の民主主義の力を、あの安保闘争は確かに見せたと思うのです。

池上　それも民主主義。天皇に手紙を渡すのとは、意味が違います。

ただ、私は、六〇年安保は、安保反対闘争というよりは、大勢の人が民主主義の危機を認識した結果立ち上がった運動だった、とみているのです。実際に、あの六〇年安保の歴史をいろいろ調べてみたんですよ。教科書などにも、「安保反対」という旗を掲げた群衆が国会を取り巻いている写真が載っているのですけれど、特に五九年から六〇年にかけて、当時の社会党や総評（日本労働組合総評議会）が安保条約反対闘争を呼び掛けても、全然盛り上がらなかったのです。集会を開いても人が来ない。国会では、社会党だけが孤立して、反対を叫んでいるような状態でした。

佐藤　当時、共産党は国会にほとんど議席を持っていなかったですから。

池上　風向きを変えたのは、岸内閣が国会に警官隊まで導入して強行採決したことです。テレビや新聞でその「画」を目にして、多くの人たちが怒りと強い危機を感じたわけです。そもそも岸信介は、Ａ級戦犯に問われて巣鴨プリズンに入っていた男ではないか。そういう人物が国会で強行採決の旗を振ったりするのは、民主主義の危機以外の何ものでもない、という世論になって、大勢の人たちが国会に繰り出してきたのです。

この盛り上がりを、社会党や共産党は、安保条約反対闘争として「利用」すべく、組織化しました。結果的に、みんな安保反対を叫びながらデモをすることになったけれど、多くの人たちの心の中は「民主主義を守れ」だった。それが運動の大きなエネルギーになったということです。

佐藤　社会党のやり方は、うまかった。まさに民主主義全体の危機なんだということを前面に、共産党や、それと激しく対立する全学連の主流派も含む安保改定阻止国民会議というネットワークをつくったわけですね。その周囲に、一般の人たちも結集した結果、内閣を倒すような運動になりました。

池上　それだけ広範な運動でしたから、いろんなハプニングもありました。例えば、安保闘争のさ中、アメリカのジェイムズ・キャンベル・ハガティという報道担当大統領補佐官が来日したんですね。当時は「Press Secretary」を「新聞係秘書」と訳したのですが。日本に来たのは、アイゼンハワー大統領の訪日日程を打ち合わせるためでした。それに抗議しようとしたのが、全学連の反主流派、つまり共産党系の学生たちです。で、彼が出てくるのを羽田空港近くで待ち構えていた。彼らが企図したのは、あくまでも平和的な抗議活動でした。ところが、当時の羽田空港はものすごく狭かったため、人間が溢れてハガティが身動き取れなくなってしまったのです。これにはアメリカ側が焦って、急遽海兵隊の応援を頼み、ヘリコプターで「救出」する騒ぎになったんですね。この「事件」がアメリカで報道され、大きな問題になって、とても大統領を来日させるわけにはいかないということになってしまった。アイゼンハワー訪日断念のきっかけは、そういう「不測の事態」だったのです。

佐藤　ただ、ハプニングの裏には、たいてい構造的な理由が潜んでいます。だから、権力の側は、二度とあいうことを起こしてはいけない、とそこから学習するわけですね。

ところで、新安保条約は、「一〇年経過後は、日米両国のいずれかが廃棄を通告すれば、その一年後に終了する」という内容が定められていました。ですから、一〇年後の一九七〇年には、条約破棄を通告させようという「七〇年安保闘争」が呼び掛けられます。実際、社会党も共産党も、あるいは治安当局も、六〇年安保のような大闘争になるのではないかと考えていたはずです。しかし、これは静かなまま終わってしまいました。六八年、六九年に「七〇年安保の前哨戦」として展開された全共闘を中心とする学生運動が暴力化し、一般市民が「ついて行けない」という雰囲気になってしまったからです。

池上　ヘルメットに「ゲバ棒」で武装し、制止する機動隊に火炎瓶や石を投げる。東大では安田講堂事件などがあって、六九年の入試が中止になりました。

佐藤　例えば、香港では二〇一四年に、民主化を求める「雨傘革命」という大規模な政治デモがありました。それに比べ、「逃亡犯条例改正反対」を掲げた一九年の反政府運動は、やや暴徒化の様相を帯びました。実は権力にとっては、歯向かう側が暴徒化するのは、悪い話ではありません。単純暴力活動として政治性抜きで処理できるし、基本的に社会はそれを支持しますから。共産党がよく「過激派に対する泳がせ政策」と政府を批判するのだけど、ある意味いいところを見ていて、体制にとっては、統御できる範囲の過激派だったらウェルカムなのです。

池上　七〇年代当時は、まだ「反戦平和運動」の基盤があって、安保条約破棄に対する世論の支持も、そこそこあったと思います。しかし、あまりに過激な行動が先走った結果、逆に民主的な大衆運動が妨げられてしまった。その側面は、確かにあったと感じます。

民主主義とポピュリズムの違いとは

佐藤　議院内閣制を採る「日本型民主主義」においては、国民に最も支持される政治家がトップに就くとは限りません。第二期で長期政権を築いた安倍さんも、多くの人に請われて総理大臣に返り咲いたという感じでは、必ずしもなかった。

池上　まず、民主党の「敵失」がありました。二〇一二年に出馬表明した自民党総裁選でも、地方票で石破さんの後塵を拝した末の逆転でしたから。

佐藤　国民から拍手喝采で迎えられた、という点で特筆されるのは、二〇〇一年から五年半にわたって首相を務めた小泉純一郎さんです。小泉さんは、「自民党をぶっ壊す」「私の政策を批判する者はすべて抵抗勢力」という斬新なスローガンを掲げて「小泉旋風」をまき起こし、橋本龍太郎さん有利の下馬評を覆して、総裁選挙に圧勝しました。当時人気の高かった田中真紀子さんと組んだのも大きかった。

池上　一般党員などを対象にした総裁選挙予備選の街頭演説には、数万人の聴衆が集まることもありました。「先代」の森喜朗内閣への不満や、閉塞した時代背景などもあったわけですが、ともあれ国民を大いに引きつけた。それを見て、「壊す」と名指しされた自民党も、ブームにあやかろうということになったのです。

佐藤　そんな小泉さんが、最高権力者になってから推し進めたのが、「ポピュリズムの政治」でした。国民の絶大な支持を背景に、「骨太の」政策を断行する。それは、表向きには民主主義を貫徹しているように見えて、実はそうとは言えなかったのではないか、というのが私の小泉政権に対する評価なのです。

では、健全な民主主義とポピュリズムは、どこが違うのか？　ポピュリズムという言葉が多用される割に、なかなかうまい定義がされていないように思うのですが、私は次のように切り分けています。

すなわち、ポピュリズムは、基本的には、多数決原理で五〇％プラス一票を取ったら、その人は「総取り」して問題ない、という発想です。とにかく「数は正義」なのだ、と。それに対して、「本当の民主主義」には、多数派がいたずらに数で押し切ることをせず、少数派の意見を最後まで尊重して議論を尽くす姿勢が貫かれている。そういう違いがあると考えるのです。

池上　小泉政治は、まさに「数は正義」でしたね。少数派は最初から「抵抗勢力」で、議論の余地なし、とされましたから。

佐藤　そして、そのやり方を多数の国民が一生懸命、後押ししていたわけです。

池上　安倍政権も、その伝統を引き継いだ気がします。安倍さんは、しばしば「私は立法府の長ですから」と言い間違えていました。それは衆参両院議長の称号で、内閣総理大臣は「行政府の長」なのですが。そういうところにも、議会の多数派から選ばれているのだから、国会では黙って私の言うことを聞いてもらいたい、という気持ちが透けて見えたわけです。少数意見に耳を傾けるという発想は、安倍さんからはほとんど感じられませんでした。

アメリカのトランプ前大統領も典型的なポピュリストでしたが、とにかく口を極めて民主党を非難しましたよね。バイデン大統領が選挙後に、もちろん建前もあるけれど、今は共和党・民主党ではないんだ、私はユナイテッドされたアメリカの大統領なのだ、とオバマと同じような言い方をしていたのとは対照的です。安倍さんも、「政敵」に対する対応は、トランプに似ていました。

佐藤　「悪夢のような民主党政権」とか（笑）。だから、日本維新の会とも波長が合ったのでしょう。ちなみに、維新はある意味誠実で、二〇二〇年十一月に行われた大阪都構想の住民投票で負けたくらいで、代表の辞任とかいう話になってしまった。本人たちがどこまで意識しているか分かりませんが、あれはポピュリズムの裏返しと言っていいでしょう。

池上　だから、四九％の負けでも、潔く腹を切る。（笑）

佐藤　橋下徹さんも、日本の政治をポピュリズムの方向に一歩、二歩と進めたという点で、非常に大きな歴史的意義を持つ政治家です。

池上　橋下さんは、トランプ大統領が誕生した時に、「駐日米軍がいなくなったらどうするのかということを、私たちが真剣に考えるきっかけになるから」といった理由で、それを支持しました。自分に似たものを感じ取っていたのかもしれません。

佐藤　でも、トランプ大統領が、本気で在日米軍の引き揚げを考えているとでも思ったのでしょうか。そうだとすると、「炎上商法」に乗っかってしまったことになるのですが。

池上　その政治手法も一貫していました。例えば、大阪の子どもたちの学力が低いのは学校の先生のせいだ、教育委員会が悪いのだ、と分かりやすい敵をつくる。実はその背後には、全国と比較しても深刻な貧困の問題があるのに、あえてそこには目を向けないのです。バッシングして部分的な前進があれば、それは「改革の成果」になるでしょう。

佐藤　しかし、結果的に、本質的な問題はスルーされてしまう。ポピュリズムの弊害は、そういうところに現れます。場合によっては、国の進むべき方向を誤らせる危険性も孕むわけです。

池上　例えば、北朝鮮は危険な存在だ。いつミサイルが飛んでくるか分からないではないか。だったら、国を守るために、飛んでくる前に叩くべきだ。皆さん、そう思うでしょう――。そういうふうに、ポピュリズムはナショナリズムと親和性が高いことにも、注意が必要なのです。

その意味でも、さきほどの「民主主義とポピュリズムの違い」についての佐藤さんの定義は、非常に重要だと感じます。単に「民主主義というのは、人々の思いを大切にするのだ。それを集約して実行するのだ」というような茫漠とした理解にとどまっていると、足をすくわれてしまうかもしれない。少数派の意見を徹底的に聞く、という文字通りの民主主義の精神を置き忘れたら、政治はいくらでもポピュリズム的なものになり得るわけですから。

佐藤　忘れてならないのは、ポピュリズム政治家も民主的な手続きを経て登場するということです。

池上　そこが難しいところで、ポピュリストを批判しようと思っても、「何を言っているんだ。私は正当な選挙で選ばれ、これだけの支持を集めているじゃないか」と開き直られたら、反論するのは骨が折れるでしょう。逆説的ないい方をすれば、民主主義は実はとても危険な制度とも言えるわけです。

佐藤　うわべの民主主義に安住するのではなく、常にそういう認識、あえて言えば警戒心を持つことが必要です。

ニッポン、未完の民主主義

池上　ポピュリズムは、ポピュリストに対する熱狂に近い支持を背景にその影響力を拡大していくのですが、一方で投票率の低迷にみられるような政治的無関心も、民主主義の危機を増幅させます。

佐藤　特にコロナ禍で、関心を持たなくてはいけない問題に対して、人々が関心を持たなくなっている。それはもう、「深刻」のレベルにあると感じるのです。池上さんが「ポピュリズムとナショナリズムの親和性」を指摘されましたが、無関心の深刻さを端的に表したのが、「敵基地攻撃能力」の議論です。

池上　その話には、「イージス・アショア」（陸上配備型迎撃ミサイルシステム）の撤回という前段があります。山口と秋田に配備する迎撃システムで、飛んでくるミサイルを撃ち落とすという構想だったのですが、河野太郎前防衛大臣が「安全な運用のためには大幅な改修が必要だと分かった」という理由で、二〇二〇年六月に突如配備自体の断念を表明しました。

佐藤 なぜそんなことになったのかというきちんとした検証も、いまだに行われていないでしょう。明らかにされた「危険性」が、敵の標的になるとかではなく、迎撃ミサイルを発射した際に推進装置「ブースター」が、周囲の住宅地などに落下する可能性がある、というお粗末極まりないものだったのも、情けない限り。

池上 まったく、その通りです。

佐藤 ミサイルを撃ったら、必ずブースターが落ちる。日本の防衛に携わる人間たちは、配備を決める前にそんなことも知らなかったことになります。恐らく、時のトランプ大統領に「アメリカの兵器を買いたまえ」と言われるまま、飲み込んだ結果でしょう。

池上 防衛システム強化の背景には、北朝鮮や中国による新型ミサイルの開発がありました。ただ、具体的にそうした脅威にどう対応していくのかについて、国会の場で審議が尽くされたとは、とても言い難いのが実情です。

佐藤 そういう民主主義のプロセスをほとんど迂回したツケが回って、恥ずかしいことになったわけです。ところが、それに対する反省も検証もなしに、今度は、〝盾〟が駄目だったから〝矛〟だ」「敵基地攻撃能力が必要なのだ」と言い始める。これは、さらに民主主義を無視した、とんでもない話です。

池上　その名の通り、飛んできたミサイルではなく、その発射基地を叩くというのですから、イージス・アショアより踏み込んだ話になるはずです。あくまでも敵が攻撃に着手した後の反撃を想定したもので、こちらから敵基地を攻撃する先制攻撃は含まれないと説明されていますが、果たして相手はそのように受け取るでしょうか。

佐藤　脅威というのは意思と能力によって作られるのです。日本の場合は、周辺国を攻撃する能力は持てるけれどもその意思はない、と明確に示すことで、「脅威ではない」ことを担保してきました。しかし、「敵基地攻撃の意思がある」ということになると、周辺国は少なくとも「日本は防衛戦略を大きく見直した」と捉えるはずです。これは、外から「北朝鮮の脅威」を見たら、よく分かります。あの国は、日本とは逆で、日本やアメリカを攻撃する意思はあったものの、能力がついていかなかった。しかし、その能力を持ち始めたために、面倒臭いことになったわけです。

敵基地攻撃能力を持つということは、核保有と変わらないと私は思っています。相手の先制攻撃を招く可能性も、格段に高まる。それこそ国民の命に直結する問題なのです。にもかかわらず、実態的には、民主的な手続きが取られないままに事が進められている。

池上　二〇二〇年末になって、政府は、今度は敵の射程圏外から攻撃可能な長距離巡航ミサイル「スタンド・オフ・ミサイル」を開発するという、ミサイル阻止に関する新たな方針を閣議決定しました。敵基地攻撃能力の保有を目的としたものではないと説明されますが、根拠は明確ではありません。

佐藤　ただし、意思については言及せずに能力を持つというのは巧みな戦略ともいえます。繰り返しになりますが、相手を攻撃する意思と能力という二つの変数のうち、意思で蓋をしていたものの封印を解くというのがどれだけ怖いことか、真剣に考える必要があります。私は、国会の議論でも足りないと思う。内閣に授権される範囲を、明らかに超えていると思うのです。少なくとも、敵基地攻撃能力を争点に据えた総選挙をやって、民意をしっかり問うた上で、意思を変更するならすべきでしょう。

池上　そういう認識を持つ人が、今の日本にどれだけいるでしょうか。

佐藤　そこが、私の感じる「深刻さ」です。「関心を持つべきこと」について、メディアも国民も、実に素っ気ないのです。そうやって、国の根幹に関わる本質的な問題が、まともに議論されることなく、先送りされていく。

そもそも論を言えば、憲法がそうです。日本国憲法については、戦後すぐから「アメリカによる押し付けだ」という議論があったわけです。七〇年経って、ついに改憲を正面から掲げる安倍内閣の下、同調する勢力が憲法改正の発議に必要な三分の二の議席を衆参で確保するという状況が一時期生まれた。ところが、肝心の議論の方は、一向に進展しませんでした。安倍さんで駄目だったのだから、改憲議論は事実上棚上げでしょう。

池上　さきほど論じた日米安保だってそうです。一九七〇年以降は自動延長と言いましたが、見方を変えると、いつでも一方的に「降りる」ことができるわけです。非常に不安定な状態に置かれたとも言えるはずなのに、逆にこの上なく安定してしまった。現状で、日米両国にとって安保破棄が現実的な選択だとは思いませんが、そのあり方について議論くらいはされてもいいと思うのです。

佐藤　沖縄の基地問題などもあるわけですから。政治学者で音楽評論家でもある片山杜秀さんに、司馬遼太郎賞を受賞した『未完のファシズム』（新潮選書、二〇一二年）という本がありますが、そのタイトルに倣えば、まさに「未完の憲法改正」「未完の安保改定」。

池上　「日本型民主主義」自体も未完なのです。「未完の民主主義」と言っていいでしょう。

第3章

戦争が終わり、民主主義の議論が盛り上がった

戦前も機能はしていた

佐藤　民主主義の危機を論じるためには、「そもそも民主主義とは何か」をみておく必要があるでしょう。

池上　それ自体、結論を出すのが難しいテーマであることは重々承知のうえで、事実を掘り下げてみたいと思います。

日本では戦後すぐに民主主義の議論が盛り上がりました。この章では、戦後直後、日本ではどのように民主主義をとらえていたのかを見ていこうと思います。

続く第4章では、二五〇〇年もの歴史がある世界の民主主義の起源とその紆余曲折について概観してゆきます。

第3章、第4章は、やや「お勉強的」になるので、現代社会と民主主義の問題点などを読みたい方は、飛ばして第5章に進んでくださってもかまいません。

さて、日本には、民主主義、正確に言うと「西欧型民主主義」のシステムをお手本として、国をつくり替えようと、一丸になった時期がありました。第二次世界大戦終結直後のことです。アジアに侵攻して甚大な被害をもたらしただけでなく、三一〇万人の自国民が犠牲になった「無謀な戦争」に突き進んだのは、日本の政体が民意を無視した「全体主義」だったからにほかならない。二度と過ちを繰り返さないために、民主主義国家に脱皮しなくてはいけない、という考えの下に、教育も一新されました。

佐藤　「現在の危機」を考察するうえでは、「民主主義とは何か」が最も真剣に議論された時代にどんなことが語られていたのかを顧みることも、非常に大事になります。

池上　確かに議論には理想論に近い部分もあっただろうし、実際には日本には馴染みにくい思考や仕組みも多く含まれていたと思います。しかし、そうしたことも織り込んだうえで、「かつて目標とした民主主義」を何度も反芻することには、おっしゃるように大きな意味があるはずです。ただ、世相を反映しているのか、近年そうした議論自体、あまり耳にしないような気がします。

佐藤　例えば、第１章で「自由なき福祉」の話をしましたが、ハーバーマスの現状分析の鋭さはそれとして、本来「自由」と「福祉」は対立概念ではないはずなのです。ところが、いつの間にかそれがトレードオフの関係に位置付けられていて、「そうだね」と納得できてしまう現状がある。時の権力と向き合う側が民主主義のモノサシを忘れてしまえば、彼らの意図のままどんどん流されていくでしょう。気付いたら元に戻れないことになっているかもしれないのです。

池上 本当にそう思いますね。

佐藤 先ほど吉野作造の民本主義について解説しましたが、戦前だって民主主義は機能していたのです。

池上 普通選挙法が制定されたのは、大正時代、一九二五年です。この場合の普通選挙というのは、成年男子に選挙権、被選挙権が与えられるもので、女性も選挙に参加できる完全普通選挙の実施は、戦後のことになるのですが。

佐藤 憲政会、政友会という二大政党もあって、政権交代も行われました。軍は政治に関与せずということで、統帥権すなわち「天皇の権限」の中で機能していた。ところが、一九三〇年に始まった昭和恐慌で、状況は一変します。経済が一気に冷え込む中で、三一年には満州事変が起こりました。これ以降、軍が大幅に発言権を強め、暴走していくわけです。

ここで学ぶべきは、当時表面化していた政財界の腐敗に嫌気がさした国民の多くが、軍を支持したという事実です。そうした空気が軍国主義を醸成し、後の大政翼賛会につながっていきました。

池上　一九三六年の二・二六事件は典型でした。陸軍皇道派の青年将校たちが、「昭和維新」などのスローガンを掲げて決起したクーデター未遂事件で、大蔵大臣だった高橋是清らが殺害されました。結局、首謀者たちは「反乱軍」として処断されるわけですが、多くの民衆が「日本を憂える若者たち」に拍手を送ったんですね。

佐藤　青年将校たちがやったのは、絵に描いたようなテロです。それを善しとするということは、「民主主義などいらない」という意思表明にほかなりません。そういう歴史があったことも、しっかり銘記しておく必要があるでしょう。

戦後、文部省は民主主義の教科書を作った

池上 では、悲惨な戦争が終わり、それへの反省が強く意識された時代、民主主義は具体的にどのように論じられていたのかを、みていくことにしましょう。

私がその「教科書」に挙げるのは、当時の文部省が著した『民主主義』（教育図書、一九四八〜四九年）。そのものズバリ、「文部省著作教科書」です。一九四八年と四九年に上巻・下巻で刊行され、五三年まで実際に中学校、高校で使われていました。

佐藤 かなり分厚いですね。

池上 中高生向けなのだから、コンパクトな「読本」のようなものかと思えば、さにあらず。平成になって復刻した文庫版は、四〇〇ページを超える「大作」です。

その第一章「民主主義の本質」は、こんな問題提起で始まります（以下、本書の引用は、原則「旧漢字→新漢字」になっています）。

一　民主主義の根本精神

民主主義は、ちかごろたいへんはやりことばとなって来た。だれしもが、口を開けば民主主義を言い、筆を取れば民主化を論ずる。そういうことばを聞き、それらの議論を読んでいると、世の中がまわり舞台のように根こそぎ民主主義に変わってしまったようにみえる。独裁者は地球上から死に絶え、封建主義も人の心からぬぐったように消えうせたかの観がある。

しかし民主主義ということばにはいろ〳〵な意味がある。（略）民主主義ということばがはやっているから、それで民主主義がほんとうに行われていると思ったら、とんでもないまちがいである。たいせつなことは、ことばではなくて、実質である。それでは、いったい、ほんとうの民主主義とはどんなものであろうか。

（『民主主義』教育図書、一九四八～四九年、一頁）

佐藤　一九四八年といえば、四五年の終戦から三年目、翌年の新憲法の公布から二年目。その当時、「民主主義」「民主化」というのが「流行語」になっていたことが、よく分かります。ちなみに、日本はまだGHQの占領下にありました。

池上 そうです。日本に主権はなかったのです。そうした環境下で書かれる教科書、しかも「民主主義とは何か」という、これからの社会のあり方を若い世代に教授するテキストなのですから、当然GHQの厳格な検閲を経て世に出たものです。

佐藤 戦後すぐの時期に、GHQ、アメリカが占領目的の第一に据えていたのは、自分たちに歯向かい、夥《おびただ》しい血を流させた恐るべき日本軍国主義の牙を徹底的に抜き去ることです。そのためには、日本に西欧流の民主主義をしっかり根付かせる必要があると考えたことでしょう。

池上 その点に関して、角川ソフィア文庫本版（二〇一八年）では、内田樹さん（神戸女学院大学名誉教授）が面白い視点から解説を加えているんですよ。「本書がイギリス、フランスなかんずくアメリカに現存している民主主義的な統治システムが人類の進歩のみごとな達成であるという評価を不可疑の前提とするのは当然のことである。大日本帝国の軍国主義とドイツのナチズムとイタリアのファシズムとは許し難い『独裁主義』として繰り返し、きびしく批判される」とした上で、次のように述べます。

しかし、それにもかかわらず、ここには検閲者であるＧＨＱを慮《おもんぱか》った、強者に理ありとするタイプの事大主義的な文言は見ることができない。私はこの抑制に驚かされる。この節度ある文体を保つために、どれほどの知的緊張を執筆者たちは強いられたのだろうか。

（『民主主義』文部省、角川ソフィア文庫、二〇一八年、四四八〜四四九頁）

要するに、教科書の執筆者たちは、ただＧＨＱの言うがままを文章にしたのではない、と指摘するのです。そもそもこの教科書は、ＧＨＱの指示に基づいて作られたものでした。ですから、その意を酌んで、彼らが標榜する西欧型民主主義のルールに則って書かなくてはなりません。ただ、その制限の中で、執筆陣は「自ら伝えたいこと」をあえて言えば検閲をかいくぐって書こうとした。そういう「知的緊張」を持ちながら作業を進めたのではないか、と言うわけです。

佐藤　なるほど。内田さんらしい見方だと思います。

池上　では、「伝えたかったこと」が何かを端的に言うと、日本にも「輸入品ではなく、自分たちの手で、日本固有の民主主義を創り出そうとしていた」時代があった、ということ。執筆者たちは、「明治初期の福沢諭吉や中江兆民のひろびろとした開明的な民主主義思想と、今始まろうとしている戦後民主主義を直接に繋《つな》げようと」したのではないか、というのが内田さんの推理なのです。

佐藤　わざわざ繋げる作業が必要になるのは、その間に軍国主義という「異質」なものが挟まっているから。

池上　その通りです。そのことを、「この教科書は『軍国主義』を近代日本が進むべきだった道筋からの『逸脱』ととらえるのである」と明快に指摘しています。それだけに、「帝国戦争指導部に対する怒りと恨みには実感がこもっている。軍国主義に対する怒りはＧＨＱに使嗾《しそう》されなくても、本書の執筆者全員に共有されていたはずである」と。

　もちろん、教科書の執筆者たちが「私たちには、そういう意図がありました」と述べたわけではありません。内田さんも、書き手たちに、ＧＨＱの検閲を超えて「敗戦国の少年少女たちにほんとうは何を伝えたかったのか」についての「屈託と葛藤《かっとう》」があった、という見方自体を「仮説」と断っています。しかし、「フランスの思想史を研究していた頃、ナチスドイツの占領下でフランスの知識人たちがドイツの検閲官の眼を逃れるために、どのようにして彼らの『ほんとうに言いたいこと』を暗号で書き記したかについて調べたことがある」思想家の分析は、十分注目に値すると感じるのです。

佐藤　まさにインテリジェンスの世界です。

池上　そういう視点を持って読んでみると、確かに「よくこれがGHQの検閲に引っ掛からなかったな」と思われる記述が、この本にはいくつも出てきます。内田さんも例に挙げている部分を一つ、紹介しましょう。当時、世界で存在感を高めつつあった共産主義について論じたものです。

各国の共産党にしても、もしもそれが議会政治の紀律と秩序とを重んじ、ひとたび議会での多数を獲得すればその経綸《りん》を行い、少数党となれば、多数に従うという態度で進もうとしているのであるならば、それは、レーニンなどによってひより見主義として痛烈に非難された、マルクス主義陣営中での穏健派の立場に帰っているのである。

（『民主主義』教育図書、一九四八〜四九年、二三二頁）

繰り返しになりますが、ＧＨＱが命じたのは、西欧型民主主義に則った教科書の作成です。ですから、「プロレタリア独裁」や国際共産主義運動に対する批判が、当然のように随所で展開されます。ただし、共産主義を「間違い」だとして端《はな》から切り捨てる態度も取ってはいないのですね。議会制民主主義のルールに従うのであれば、そこで多数を占めた場合には、「経綸を行う」すなわち国を治めることも「あり」だとまで、述べているのです。

佐藤　この頃には、同じ連合国として戦いながら、米ソを軸とする東西対立はすでに先鋭化していて、長きにわたる冷戦へと進んでいきます。ＧＨＱの当初の目的が「日本の軍国主義の牙を抜くこと」だと言いましたが、一九四七年にすべての官公庁の労組が決起する「二・一ゼネスト」が企図されるなど、国内でも共産党の主導する労働運動が盛り上がりを見せるに及んで、占領の方針は「共産党や労働運動の封じ込め」に衣替えしていきました。

池上　現代の歴史教科書には、「占領政策の転換」として出てきます。

佐藤　GHQの検閲は、政策転換の過渡期に行われたのかもしれません。そう考えられるほど、共産主義に対して「寛容な」記述ではあります。

すでにあった独裁主義復活への警戒

池上　この「教科書」はボリュームが多いだけでなく、中高生が読むにはかなりレベルが高くて、内田さんも「ほとんど学術書である」と述べるほどです。ただ、決して読みづらいものではありません。字数が嵩《かさ》んだのは、さまざまな実例やたとえ話なども交えながら、これからの国づくりの指針となる民主主義について、なんとか若い世代に理解してもらおうという努力の結果だとも言えるでしょう。

もちろん、主要都市が焦土と化した終戦直後、国際的にも東西対立先鋭化の前夜にあった、といった時代に書かれたものですから、いろんな面で「今との違い」も明らかです。ただ、そんな時代の日本人が、民主主義についてある意味〝ゼロベース〟でどんなことを考えていたのかを知るのには、格好のテキストだと言えるでしょう。我々が「生徒」として学ぶべきことも多いのです。

佐藤　「どうせ理想論だろう」と斜に構えるのでなく、まずは正面から受け止めてみることが大事です。

池上　章立てをざっと見ていくと、第一章「民主主義の本質」から始まって、「民主主義の諸制度」「選挙権」「多数決」「政治と国民」「社会生活における民主主義」「経済生活における民主主義」「民主主義と独裁主義」「日本における民主主義の歴史」「日本婦人の新しい権利と責任」「国際生活における民主主義」……。民主主義というものをいろんな視点から多角的に論じていることが、分かっていただけるでしょう。

佐藤　といって、総花的なつくりにはなっていません。それぞれのテーマについて、きちんと掘り下げ、問題提起を行っています。

池上　さきほど紹介した本の冒頭の「いったい、ほんとうの民主主義とはどんなものであろうか」という問いかけには、まず、次のような答えが用意されます。少し長めですが、引用してみます。

多くの人々は、民主主義とは単なる政治上の制度だと考えている。（略）しかし、政治の面からだけ見ていたのでは、民主主義をほんとうに理解することはできない。政治上の制度としての民主主義ももとよりたいせつであるが、それよりももっとたいせつなのは、民主主義の精神をつかむことである。なぜならば、民主主義の根本は、精神的な態度にほかならないからである。それでは、民主主義の根本精神はなんであろうか、それは、つまり、人間の尊重ということにほかならない。

人間が人間として自分自身を尊重し、互に他人を尊重しあうということは、政治上の問題や議員の候補者について賛成や反対の投票をするよりも、はるかにたいせつな民主主義の心構えである。

そういうと、人間が自分自身を尊重するのはあたりまえだ、と答える者があるかもしれない。しかし、これまでの日本では、どれだけ多くの人々が自分自身を卑しめ、たゞ権力に屈従して暮らすことに甘んじて来たことであろうか、正しいと信ずることをも主張しえず、「無理が通れば道理引っこむ」と言い、「長いものには巻かれろ」と言って、泣き寝入りを続けて来たことであろうか。（略）人類を大きな不幸におとしいれる専制主義や独裁主義は、こういう民衆の態度をよいことにして、その上にのさばりかえるのである。だから、民主主義を体得するためにはまず学ばなければならないのは、各人が自分自身の人格を尊重し、自らが正しいと考えるところの信念に忠実であるという精神なのである。

（同、二一〜二二頁）

佐藤　民主主義は政治制度だけの問題ではない、というところから説き起こすのは、とても優れていますが、同時に困難な作業です。

池上　政治制度の周辺に話を留めても、型通りのテキストはできたでしょう。でも、そうしなかった。

佐藤　「正しいと信ずることをも主張しえず」「泣き寝入りを続けて来た」というのは、言うまでもなく戦時体制下やそこに至る過程において民衆が取り続けた姿勢のことを述べているわけで、「戦後七五年」を生きる日本人にとっては、やや違和感を覚えるのではないでしょうか。ただ、後世の日本人には、目の前の「私的利益の充足」に重きを置いて「自由なき福祉」に甘んじる姿も、それと重なって見えるかもしれません。

池上　やっぱり長いものに巻かれていたんじゃないか、と（笑）。確かに、道理が引っ込むことも少なくないように感じます。

さて、教科書は、民主主義について総論的にそのように定義したうえで、各論を展開していきますが、その全編を貫いているのは、民主主義の対極にある「独裁主義」「全体主義」「専制政治」に対する明確な否定と警戒心です。

佐藤　やはり、直前に経験した辛苦はそうしたものによってもたらされた、という意識が強く働いているわけですね。これも、今の時代を生きる我々からすると、「そこまで言う必要があるのか」という感想を持つくらい、批判は手厳しい。

池上　例えば、次のように断じています。

国王や、独裁者や、支配者たちは、あるいは公然と、あるいは隠れて、事を決し、政策を定め、法律を作る。そうして、一般の人々は、ことのよしあしにかゝわらずそれに従う。その場合に、権威を独占している人間は、下の人たちにじょうずにお世辞を言ったり、これをおだてたり、時にはほめた、えたりするであろう。しかしその人たちはどこまでも臣民であり、臣下である。そうして臣下は、その主人の命令に、その気まぐれな意志にさえ、無条件に従わせられる。（同、五〜六頁）

社会の文化の程度が低い頃には、露骨に人民を酷使し、戦争に駆り立てていた権力者は、人知が発達するにつれ「じょうず」な支配の術を身につけたとして、このように述べます。

独裁者たちは、かれらの貪《どん》欲な、傲《ごう》慢な動機を露骨に示さないで、それを道徳だの、国家の名誉だの、民族の繁栄だのというよそ行きの着物で飾るほうが、いっそう都合がよいし、効果も上げるということを発見した。帝国の光栄を守るというような美名の下に、人々は服従し、馬車うまのように働き、一命を投げ出して戦った。しかし、それはいったいなんのためだったろう。かれらは、独裁者たちの野望にあやつられているとは知らないで、そうすることが義務だと考え、そうして死んで行ったのである。

（同、七頁）

これも興味深いのは、敗戦によって戦前の日本軍国主義が命脈を断たれた時点で執筆されているにもかかわらず、すでにそういったものの「復活」に対する警戒心を露わにしていることです。教科書は、今の文章に続いて、このように述べます。

現にそういうふうにして日本も無謀きわまる戦争を始め、その戦争は最も悲惨な敗北に終り、国民のすべてが独裁政治によってもたらされた塗炭の苦しみを骨身にしみて味わった。これからの日本では、そういうことは二度と再び起らないと思うかもしれない。しかし、そう言って安心していることはできない。独裁主義は、民主化されたはずの今後の日本にも、いつ、どこから忍びこんで来るかわからないのである。独裁政治を利用しようとする者は、今度はまたやり方を変えて、もっとじょうずになるだろう。今度は、だれもが反対できない民主主義という一番美しい名まえを借りて、こうするのがみんなのためだと言って、人々をあやつろうとするだろう。（同、七頁）

佐藤　こんな秀逸な「予言」も見つけました。

独裁者といわれる人々は、国家さえ強くなれば、すぐに国民の生活も高まるようになると約束する。あとでこの約束が守れなくなっても、言いわけはいくらでもできる。もう少しのしんぼうだ。もう五年、いや、もう十年がまんすれば、万事うまく行く、などと言う。それもむずかしければ、現在の国民は、子孫の繁栄のために犠牲にならなければならないと言う。

（同、一一一〜一一二頁）

池上　現役世代の負担軽減をうたい文句に、逃げ水のように延長される年金の受給開始年齢のような話。（笑）

佐藤　「国家さえ強くなれば……」というのは、「富める者が富めば、貧しい者も恩恵にあずかれる」というトリクルダウンの論法を彷彿とさせなくもありません。

ともあれ、戦後七十余年、日本の政治が独裁主義に取って代わられることはありませんでした。しかし、あらためて池上さんとその意味を問い直したくなるほど民主主義の危機が進行し、「独裁政治的なもの」が勢いを増しています。その点では、予言は的外れのものではなかったのかもしれません。

「ポピュリズム」も「メディアリテラシー」も語る

池上　これを執筆したのは、文部省によって集められた当代の経済学者や法学者たちです。彼らが時として、教科書に似つかわしくないような砕けた表現で若者に訴えかけるところも、この本の「魅力」ではないでしょうか。例えば、「多数決」の章では、こんなことを言っています。

多数決によって運用される民主主義を非難する者は、口をそろえて民主主義は衆愚政治だという。なるほど、国民がそろってばか者の集まりならば、おゝぜいのばか者が信ずることほど、まちがいが大きいということになろう。しかし、国民の間に知識が普及し、教養が高まって行きつゝある今日、依然としてそういうことを考えるのは、自分自身が一番の愚か者であることを証拠だてているのである。そういう人間は、裏長屋の貧乏人や台所のおさんどんに選挙権を与えれば政治が乱れるといって、普通選挙や婦人参政権に反対した。

（同、九六頁）

「おさんどん」は、台所仕事をする下働きの女性のことです。

佐藤　非常に分かりやすいのだけど、「貧乏人」も含めて、今そういう文脈の書き方をしたら、教科書でなくても〝アウト〟ですね。（笑）

「衆愚政治」は、アメリカ・トランプ政権が典型の「ポピュリズム」とニアリーイコールです。もちろん、現代日本の政治も例外ではないと言えるでしょう。この本は、「民主主義と衆愚政治は違うのだ」と述べることによって、この制度がそうした方向に流れる可能性を孕んでいることも、示唆していると言えます。

池上　今の文章に続く指摘も、極めて重要です。

（略）日本人は、自分たちでほんとうの政治上の自覚を持つ前に、戦争の結果として最も広い政治参与の権利を得た。独裁主義は追放されて、万事が選挙と多数決とで行われる世の中となった。

（同、九六頁）

この教科書が世に出る少し前に公布された日本国憲法は、後に「占領軍による押し付け憲法」だという批判も浴びて、現在に至ります。それらの批判勢力と根は同じではないのだけれど、しかし、執筆陣は「戦後手にした民主的な制度は、自分たちの主体的な努力によって獲得されたものではない」という自覚を持った上で、「仏に魂を宿らせていくのは、あなたたちなのです」と訴えているわけです。

佐藤　この時代に、少なくともそのように考える人がいた、そういう空気があった、ということを押さえておくのは、おっしゃるように重要だと思います。

池上　「選挙権」のところでも、こう述べます。

こうして、日本の民主政治は、選挙権という点に関しては、どこの外国に比べても劣らないほどに、国民の間に広い地盤を持つことになった。しかし、これは、いま言う通り、敗戦の結果なのであって、日本人がほんとうに民主政治の意味を自覚して、自分たちの力で選挙権の範囲をこれだけに押しひろげたわけではない。したがって、こゝでよほどしっかりと民主政治のしかたをのみこみ、人間としての教養と政治に関する常識とを養っておかないと、この広く認められた選挙権が宝の持ち腐れになる。

（同、七八頁）

佐藤　戦後の日本人が、「人間としての教養と政治に関する常識」を十分養えたのかどうか。まさに「選挙権」の「宝の持ち腐れ」であるその不行使、「政治的無関心」については、以下の記述があります。

それにもかゝわらず、世の中には政治に無頓《とん》着な人が少なくない。そういう人々には大別して二つの型がある。第一の型に属するのは、相当に知識もあり、能力もありながら、かえってそのために、政治をくだらないこととして見おろそうとする人々である。かれらは、政治のことに夢中になる人々をいやしむ傾きがある。（略）もう一つの型に属するのは、政治などということは、自分たちにはわからない高い、と、こ、ろ、にある事柄だと思う人々である。（略）政治は自分たちには縁の遠いことだと思いこんでいるのである。しかも、政治のよしあしが、自分たちの運命に直接に大きなか、か、わりを持つものであることに、気がつかないのである。

いうまでもなく、それらはどちらも正しい態度ではない。ほんとうの民主主義では、政治は「すべての人」の仕事でなければならない。（同、八〇〜八一頁）

おっしゃる通り、と言うしかありません。

池上　新聞などで政治に関する情報をキャッチすることの重要性に触れつつ、その「宣伝」に乗せられてはならないということも強調しています。

佐藤　メディアリテラシーを養え、ということですね。

池上　そうです。

しかし、新聞や雑誌やラジオや講演会などは、用い方のいかんによっては、世論を正しく伝える代わりに、ありもしない世論をあるように作り上げたり、ある一つの立場だけに有利なように世論を曲げて行ったりする非常に有力な手段ともなりうる。
（略）
だから、宣伝の正体をよくつかみ、それがほんものであるか、にせものであるかを明らかに識別することは、民主国家の国民にとっての非常にたいせつな心がけであるといわねばならない。

（同、一〇〇〜一〇一頁）

（略）自由な言論の下で真実を発見する道は、国民が「目ざめた有権者」になる以外にはない。目ざめた有権者は、最も確かな嘘《うそ》発見器である。国民さえ賢明ならば、新聞がうそを書いても売れないから、真実を報道するようになる。国民の正しい批判には勝てないから、新聞や、雑誌のような宣伝機関は真の世論を反映するようになる。それによって政治が常に正しい方向に向けられて行くのだ。

（同、一一二頁）

佐藤　こうして見ていくと、民主主義に対して今日目の前に提示されている課題が、いかに「古くて新しい」ものなのかということも痛感させられます。

コロナ禍が突きつける個人主義の意味

池上　とても全編にわたって教科書の中身を紹介することはできませんから、あと二つのテーマに限って、ピックアップしておくことにします。

一つは、「個人の尊重」について述べたところです。新憲法にも規定されたこの概念を、教科書は、例えば次のように嚙み砕いて説明します。

（略）自分の信念をも主張しえず、権勢の前に泣き寝入りをするのがあたりまえのような世の中が、どうして正しく明かるくなって行く見こみがあろうか。卑屈な、じめじめした、陰口ばかり言いあっている社会生活ほど、堪えられないものはあるまい。家庭の中にそういう空気はないだろうか。学校にはそんな気分が残っていないだろうか。役場や工場にそうした傾向がありはしないだろうか。もしもそういうところがあったならば、だれがその空気を払いのけるか。その家庭の人々、その学校の先生や生徒たち、その役場や工場の勤務員以外に、それをやり遂げる者はない。みんなが人間としての自覚を持ち、「すべて人に為《せ》られんと思ふことは、人にもまたそのごとくする」以外に、明かるく住みよい社会を作り上げて行く方法はない。

（同、一三九～一四〇頁）

家庭でのＤＶや児童虐待、学校や職場でのいじめ、パワハラ、セクハラ。そうしたものも、詰まるところ個人の尊重という民主主義の根本原理を理解していないところに起因するのだ。こういう文章を読むと、そういう真理をあらためて教えられる気がするのです。

佐藤　まさに、「民主主義は政治制度だけの問題ではない」という問題提起を文字にしています。

池上　政治的な「個人主義」に関する記述も明快です。

（略）軍国主義の時代の日本の政治家や思想家たちは、民主主義を圧迫した。したがって、その根本にある個人主義を、いやしむべき利己主義であるとのゝしった。しかし、これほど大きなまちがいはない。個人主義は、個人こそあらゆる社会活動の単位であり、したがって、個人の完成こそいっさいの社会進歩の基礎であることを認める立場である。すべての個人が社会人としてりっぱになれば、世の中は自然とりっぱになる。個人個人の生活が向上すれば、おのずと明かるい幸福な社会が作り上げられる。ゆえに、尊重さるべきものは、「一部の人間」ではなく、ましていわんや「おのれひとり」ではなく、生きとし生ける「すべての個人」である。その考え方のどこに、いやしむべき利己主義がひそんでいるであろうか。

（同、一四二頁）

佐藤　その点で言うと、コロナ禍は日本の個人主義も問い直すものでした。感染拡大のさ中、様々な自粛要請が行われ、多くの日本人は「同調圧力」も感じながらそれに従ったわけです。従わなかった、例えば大阪のパチンコ店は、「いやしむべき利己主義」をさんざん叩かれました。

池上　対策が成功したかどうかは別に、法的根拠を持って個人と対峙する欧米諸国とは、大きく違いましたね。

私がもう一つ挙げておきたいのは、「全体主義の対外姿勢」について述べた部分です。

全体主義の考え方が危険であるのは、内に向かって国民の個人としての基本的権利や生活をふみにじるためばかりではない。それはまた、外に向かっては他の国家の利益を侵害してはゞからない態度となる。全体主義は、すべての国々の主権と安全を等しく尊重するのではなくて「わが国」だけが世界で一番すぐれた、一番尊い国家であると考える。したがって、他の国々はどうなっても、自分の国さえ強大になればよいと思う。そこから導き出される結論は、自分の国を強くするためには手段を選ばないという国家的な利己主義であり、外国を武力でおどしたり、力ずくで、隣国の領土を奪ったりする侵略主義である。

（同、一四四〜一四五頁）

　これは、日本というより、今の世界レベルの民主主義の危機とオーバーラップするような指摘です。それぞれの国が、「自国ファースト」の姿勢をあからさまにし、実際に米中の「経済衝突」が起こったりしています。

佐藤　特にトランプ政権誕生以降、ここで述べられているような全体主義的傾向が、世界で一気に高まりました。

池上　日本でも、テレビで「日本はこんなに素晴らしい」という番組が花盛りです。自国の良さを認識するのは悪いことではないし、それがすぐに全体主義に結びつくというような機械的なものの言い方をするつもりはありませんが、どうして今そういうメディア環境になっているのかという点には、疑問も感じるのです。単に自信を喪失しているからなのかもしれませんが。

　ともあれ、戦後すぐの時期に、文部省がこれだけのものを作ったというのは驚きです。今の文部科学省のみなさんも、一度読み直してみるべきなのでは、と言いたくなりますよね。

佐藤　彼らからすると、丸ごと消したい記録かもしれません。（笑）

池上　民主主義論として完璧だ、などとは言いませんが、少なくとも戦後日本はこれを一つの理想としてスタートした、という事実は確認しておく必要があるでしょう。

「ごった煮」でもあった民主主義

佐藤　終戦後すぐに出たテキストとして、私は、同じく『民主主義』（毎日新聞社、一九四六年）というタイトルの本を挙げておきましょう。文部省の教科書とは違い、四〇ページほどのコンパクトな書物です。

著者は、政治学者で佐賀大学の学長などを務めた今中次麿です。牧師の海老名弾正や小野塚喜平次、吉野作造に師事して政治学研究の道を進み、同志社大学教授、九州帝国大学教授などを歴任しますが、戦時中に政府批判を行ったため辞職。戦後、再び九大をはじめ多くの大学で研究教育に当たり、政治科学の確立に努力した人物です。

出版されたのは、一九四六年一月でした。著者の「あとがき」には、「昭和二十年十月十四日完稿」とあります。

池上　四五年八月のポツダム宣言受諾から、わずか二ヵ月。

佐藤　版元の毎日新聞社による「はしがき」には、文部省の本と同様に（以下、本書の引用は、原則「旧漢字→新漢字」になっています）「一体、この民主主義とはどういふことをいふのであるか。世間では、いま、やたらにこの言葉を使つてゐるが、民主主義の本当の意味はどういふことであるか」という問題意識が示されています。それを踏まえて、「本社は、この民主主義の本当の意味を読者に知らすべく、この叢書を公刊した。民主主義の徹底化によつて、わが日本が一日も早く連合国に認められ、新生日本の建設へ資することが出来れば幸ひである」と出版の目的を語ります。

　ちなみに、著者の今中氏については「戦争中にいはゆる自由主義思想の色彩濃厚な教授として時のファッショ官僚のため学壇を追はれた学者である。いま、この権威を迎へて、民主主義の神髄を世に送ることは、極めて意義深きものがあり、わが社の最も欣快とするところである」と説明されています。

池上　終戦直後の日本のメディアにとってGHQがどのような存在だったのか、戦前の「ファッショ官僚」にどんな感情を抱いていたのかが、手に取るように分かります。

佐藤　ただし、この「今中本」は、さきほどの文部省の教科書とは、ちょっと色合いが違うのです。文部省の本は、著者のいろいろな思いはあったのかもしれませんが、GHQの意向に忠実に沿って書かれています。つまり、根底にあるのは、民主主義の中でもアメリカンデモクラシー。「アメリカ型民主主義を日本に根付かせるための教科書」と言っていいでしょう。

一方、「今中本」には「ソ連やナチスの民主主義」まで登場します。アメリカンデモクラシーですっきりまとめた教科書とは違い、「それ以外の民主主義」もごった煮のように混ぜ込んで論じているんですね。

池上　文部省の方では、共産主義に立脚する「プロレタリア独裁」は、民主主義と相容れない政治形態に位置付けられていますから、そこは明らかな違いです。

そういう「今中本」の記述には背景があって、終戦後、「ソビエト型の新しい民主主義もあるのだ」という議論が影響力を持った時期があるのです。「人民民主主義」という言葉も、けっこう人口に膾炙《かいしゃ》しました。そのまま国の名前にしてしまったところもありますけれど。（笑）

佐藤　この違いは、やはり出版された時期というファクター抜きに語れないでしょう。さきほども述べたように、この本が書かれたのは、終戦の二ヵ月後です。もちろん新憲法公布前、ＧＨＱの占領政策も転換前です。そんな時期の「民主主義像」が、見事に反映されていると感じるのです。

池上　敗戦という形ではありましたが、長きにわたる戦争が終わり、さて「民主主義のごった煮」の中からどれを選ぼうか、という時代だったわけですね。多くの庶民の生活はどん底で、政治も経済も混乱のさ中にあったのですが、今度こそ本当に国民の手で国を変えられる、という希望も感じていたのではないでしょうか。

佐藤　そう思います。希望には、「幻想」の部分も多分にあったのですが。

池上　文部省の教科書が世に出たのは、それからおよそ三年後ですから、この短い期間に占領政策も世の中の空気も大きく変わっていったと考えると、あらためてその後の日本にとって、いろいろな意味で重要な時期だったのだな、という感想を持たざるを得ません。

佐藤　「ソ連の民主主義とナチスの民主主義」をどう論じているのか、見てみましょう。

まず、ソ連について。

今回の第二次大戦前蔟出してきた独裁政治は、更に民主主義の概念を、不透明なものとした。まづ第一は、ソヴエート民主主義の発生である。

由来立憲政治には、三権分立、牽制均衡、代議制度、法治主義の四要素を必至とする。ソヴエート権力は、代議制度を認めるのみであるから、立憲主義ではない。

立憲主義ならざるものを総称して、専制政治とよび、更にその専制政治の暫定的性質を有するもの、すなはち非常、緊急又は他の目的のための手段として用ひられる一時的または過渡的専制政治が独裁政治（Dictator ship）とよばれるのであるが、ソヴエート権力はこれに該当する「過渡期の政権」である。そしてそこでは民主主義が認められる。

（『民主主義』今中次麿、毎日新聞社、一九四六年、三〇頁）

池上　「独裁政治に民主主義が認められる」と述べているんですね。

佐藤　「専制的民主主義とも称すべきスフィンクス（矛盾的存在の象徴）である」と書き

ます。そして、「ナチス民主主義も亦、異る意味のスフィンクスであつた」のだ、と。

（略）ヒトラアは大統領ヒンデンブルグの継承者ではあつたが、人民は何ら選挙手続をとらなかつたから、自称元首に外ならなかつた。連邦議会は存続をゆるされたけれども、単なる演説会場たるに止まつた。ワイマール共和国憲法の廃棄手続きはとられなかつたが、その効力は停止された。かくて権威主義や指導者主義が、選挙に代つて行はれた。ナチスの党治主義は、共産党のそれと異り、選挙と対立党派を認めないために、専制主義に役立つただけである。ここには民主的専制主義があつた。

（同、一三〇頁）

要するに、ヒトラーは選挙によって選ばれたのではないけれど、人民によって元首の座に押し上げられたのだ。よってナチスは「民主的専制主義」だったのだ、と言うわけです。

このほか、イタリアのファシズム、中華民国の国民党統治主義も「新しい範疇に属する」民主主義として紹介されています。

池上　今中は、そのテーマの最後を「近時流行の独一的統治主義は、要するに、政治の独裁的非常形態の一種にすぎないのであつて、政党対立主義をもつて、むしろ常態とせねばならぬ」と締めくくっていますから、いわゆる西欧型の民主主義とそれらを同列に扱っているわけではないのですが、今の理解とは落差があります。

一刀両断にされる「軍閥と官僚」

佐藤　この本も、「民主主義といふ言葉の意義」から説き始めています。

民主主義は、民衆の権力という意味であり、少数者の専制に反対するものである。本来は君主主義や貴族主義に対立的な意味を持つのだが、近代になって立憲君主主義が実現したことなどにより、それらの下でも民主主義が認められるようになった。

極めてアバウトに要約するとそんな中身なのですが、「当時（注：大正デモクラシーの時代）、君主主義の日本に民主主義を樹立するために、自由主義思想家は非常に苦心をした。そのために先づ用語が問題になつたのである」という指摘は、とても示唆に富んでいます。

池上　新しい思想を社会に紹介し、広めるためには、適切なネーミングが必要ですから。

佐藤　「デモクラシー」を「民主主義」とすることには反対が多く、なかなか使われなかったそう。今中の師である小野塚喜平次は「衆民政」とし、同じく吉野作造は「民本主義」と命名したことが紹介されています。ただし、例えば民本主義の考え方は、西欧型民主主義と「まったく同じ」ではなかった。今池上さんが指摘されたように、「名は体を表す」わけです。

池上　今では当たり前の民主主義という言葉自体も、実は割と近い時代に一から考案され、定着していったものなのだということも、心に留めておきたいですね。

佐藤　本の構成としては、民主主義の歴史を語り、代議制や普通選挙と婦人参政権、政党政治、組合運動、民主主義と主権の関係などを論じていくのですが、「民主主義はなぜ崩れたか」、すなわち日本はどうして無謀な戦争に突き進んでいったのか、という自らへの問いかけについては、文部省の本と同じ答えを出しています。

戦争は単なる武力闘争の場面に限られず、政治一般及び銃後の生活にも及ぶやうになつた総力戦の下では、戦術戦略の技術家にすぎない軍人が、政治一班を指導しようとすることは無理なことである。軍事は他の一般技術と等しく、綜合性のある政治機能の下に服隷すべきものである。

かやうな道理が、今日まで容れられなかつたところに、日本政治の専制的後進的封建的脆弱点がひそんでゐたわけである。（同、一三三頁）

池上　こちらも、「政治を誤つた軍閥と官僚」という節を設けて、彼らを一刀両断にしていますね。

佐藤　「スターリンの民主主義の下で、いかに軍事が重要視されてゐるか」などを論じた返す刀で、日本の軍国主義体制に絡めて、こんな分析を加えます。

ただこゝで、無視してならないことは、これらの国においては、統帥上あくまで政治が優越してゐることであつて、これまでのやうに、軍部が政治に容喙するやうな封建的弊風が、すでに何処にも見出されず、まさに国防国家の理想が実現され得るといふことである。

故に民主主義を樹立しさへすれば、平和が保障されるといふものでないことは明かであるが、戦争を行ふにしても、少し合理的にこれを遂行する必要がある、といふ意味で、政治の統帥に対する指導性の確立が必要となるのである。（同、三五頁）

池上　みんながもう戦争はこりごりだと思っている時に、「戦争するにしても、きちんと軍部に対する政治の優位性を確立して、合理的にやる必要がある」と冷静に論じるのは、さすが気骨の政治学者というか。（笑）

佐藤　でも、軍部の斬り捨て方には、冷静さがあまり感じられません。（笑）

要するに日本今回の敗戦は、技術においても、制度においても、思想においても、まことに古臭い、世界の進運から遅れたものを持つてゐた結果であり、軍部並にこれを支持した者たちの退嬰的頭脳の罪であつたといはねばならない。
敗戦日本再興のためには、要するに、わが憲法の制定を指導したプロシヤ的保守主義と、それを城砦とする現代の保守主義を一掃しなければならない。光輝ある二千六百年の歴史を汚辱したものは、まさにこの保守主義であつたのである。（同、三五頁）

池上　なるほど。（笑）

佐藤　ただ、ここで注目すべきは、今中の「光輝ある二千六百年の歴史」という言葉です。別のところでは、次のように言います。

日本における民主主義は、二千六百年の民族的文化の上に樹立されなくてはならぬ。またそれのみが具体的に妥当する。そこには歴史的必然があり、社会的規定がある。（略）日本政治の合理的発展と、したがつてまた日本国家の正しい繁栄のために、われ〳〵は国体護持を民主主義に結合せねばならぬ。そしてそれが日本精神の神髄とならねばならぬ。（同、三一頁）

佐藤　ひとことで言えば、日本の民主主義は、「ごった煮」を参考にするにせよ、自国の文化に見合った「日本型民主主義」でなくてはならない、と強調するわけです。そのためには、「まづ当面の問題になつてゐる日本憲法の民主化」を達成する必要があるのだ、と。

池上　自分たちの手で新しい国をつくっていこう、という強い意思、意欲が感じられます。

佐藤　繰り返しになりますが、当時の自覚的な日本人は、悲惨な戦争に自分たちを導いたものに代わる新生日本が、自分たちの手で必ずや築けるはずだ、と信じていたわけです。

「逆コース」でしぼむ熱気

池上　しかし、そうした夢や希望が、ほどなく霞んで見えるようになっていくわけですね。

佐藤　何度か話に出た「占領政策の転換」が、影を落としたのです。ひとくちにGHQといっても、内部には様々な組織がありました。紹介した二冊の『民主主義』が書かれた頃、強い影響力を行使していたのは、民政局です。

池上　通称GS。マッカーサーの意を酌んで占領政策の中心を担ったわけですが、ここには今で言うリベラル系の日本研究のエキスパートが多く在籍していました。そして、「軍国主義の牙を抜く」ことに傾注したわけです。

佐藤　ところが、戦後の混乱、生活苦を背景に、日本の労働運動が彼らの想像を超えて盛り上がり、放っておいたら社会主義化するのではないかという危惧を抱かせるまでになった。そこでGSに代わって前面に出てきたのが、G2、参謀第2部でした。要するに、諜報に携わる人たちで、検閲なども担当しました。様々なスパイ活動を行ったことで有名な「キャノン機関」のジャック・キャノンもここのメンバーでした。

池上　当時、国際的にも東西冷戦がいよいよ先鋭化していました。そこで、アメリカは日本の左傾化を阻止するだけではなく、ソ連などに対抗する「反共の防波堤」の役割を担わせようとした。

佐藤　そんな内外情勢を背景に、占領政策は「逆コース」を辿るのです。象徴的なのは、ＧＨＱによる「公職追放」で、占領の当初は戦争犯罪人や職業軍人、大政翼賛会の有力指導者などを対象にした「ホワイトパージ」だったのですが、その後、日本共産党員や共産主義者とそのシンパなどの「レッドパージ」に転換します。のみならず、ホワイトパージは次々に解除され、戦争に「協力」した人物たちが次々に職場復帰を果たしました。

池上　そういう大きな地殻変動により、自分たちの手で軍国主義的なものを一掃するという動きは、勢いを殺《そ》がれていったんですね。

佐藤　民主主義を求める運動が封印されたわけではないのですが、『民主主義』という読本に示された方向性とは、明らかに相容れない流れに飲み込まれていきます。

占領政策の転換の引き金になったのは、これもすでに述べた「二・一ゼネスト」でした。ＧＨＱの命令で「未遂」に終わるのですが、主導したのは日本共産党です。

私は、終戦直後の民主主義の議論の高まりに関して、共産党の果たした役割は大きいと考えているのです。戦前は非合法政党として治安維持法でマークされていた共産党は、終戦直後にはGHQを「解放軍」と呼んで歓迎すると同時に、議会を通じた平和革命を打ち出していました。

池上　力づくで権力を握る「暴力革命」ではなく、議会で多数派を握ることによって体制を社会主義、共産主義につくり替えていくことを目指したのですね。

佐藤　ソ連（など九ヵ国の共産党）が設立したコミンフォルム（共産党・労働者党情報局）の批判を受けるまでは、そうでした。

そもそも、民主主義の閾値は非常に広いわけです。民意によって王政を廃して共和制に移行させるのも民主主義、天皇制を否定する社会主義体制だって原理的にあり得るというのが、本当の民主主義でしょう。ですから、彼らが「愛される共産党」を目指すこと自体は、間違ってはいなかった（笑）。実際、一時はゼネストを訴えることができるくらい、支持を集めました。

ちなみに、新憲法の制定に向けても独自案を提示するのですが、他が大日本帝国憲法の微修正に近いものだったのに対して、共産党案は抜本的な「共和国案」だったのです。

ＧＨＱから出てきた「マッカーサー草案」は、他のどの政党のものより共産党案に近かった。

池上　歴史の皮肉としか言いようがありません。

佐藤　ただし、そんなふうに民主主義を求める熱気が漲《みなぎ》っていたのは、一九五〇年に朝鮮戦争が始まるまでの五年間だったと言えるでしょう。

池上　勃発した「熱戦」の当事者となったアメリカは、さらに締め付けを強め、他方国内経済は「朝鮮特需」で潤いました。

佐藤　そして、朝鮮戦争のさ中の五二年四月、サンフランシスコ講和条約の発効をもって日本は独立します。

池上　ただし、ソ連をはじめとする東側諸国などは講和条約に含まれない「片面講和」でした。

佐藤　ＧＨＱによる占領が終結する一方、日本は「西側の一員」としての立場を明確にするのみならず、アメリカと軍事同盟を結び、米軍の駐留も認めます。

ところで、そんな状態なのに、日本は中立国だと認識している人が、一九七〇年代くらいまでは非常に多かったように思うのです。「日米同盟」という言葉が使われるようになったのは、八〇年代に入ってからでしょう。

池上 確かに、昔は今ほど頻繁に使いませんでした。

佐藤 そういうところからも分かるように、戦後というスパンで見ると、終戦直後に盛り上がった「国民の手によって国家の根本のあり方を変えられるんだ」という熱気の残滓は、かろうじて八〇年代まではあったように思うのです。事実、革命政党である日本社会党を中心とする野党が、国会で三分の一近い議席を持っていたのですから。しかしそれも、九〇年代初頭の冷戦終結、ソ連崩壊で革命政党としての社会党がなくなってしまった。私は、そんな感覚を持っています。

池上 『民主主義』の執筆者たちが知ったら、さぞ無念に思うのではないでしょうか。

「国民の戦争責任」を問えなかった限界

佐藤 ちょっと脇道に逸《そ》れますが、さきほどの教科書は、文部官僚が、民主主義についいて語れる当時の一流の書き手を集めて作り上げたものです。その官僚たちというのは、一〇年前には「国体」についての教科書を手掛けていたはずだと思うのです。

池上　同じようなメンバーで、戦前は天皇主権の教科書を作り、戦後GHQに求められると、民主主義に一新させた。

佐藤　そうです。なぜそんなことを言うのかというと、ロシアでの体験が重なるからなのです。ソ連崩壊以前は、ゴスプラン（ソ連国家計画委員会）で計画経済の運営を担っていた官僚たちが、崩壊後はアメリカの経済学者ジェフリー・サックスの意見を容れて、新自由主義のショック療法を断行しました。官僚というテクノクラート集団は、器さえ与えられれば、何でもできる。

池上　なるほど。その能力の高さを評価するにやぶさかではないのですが、間違った器を与えられると、ちょっと恐ろしいことになりますね。

佐藤　話を本題に戻すと、さきほども述べたように、民主主義が熱く語られていたのは、終戦から五年くらいの期間でした。そんなに「短命」だった大きな理由が、議論してきたような占領政策の転換という外的要因だったことは、間違いありません。ただ、それがすべてだったのかというと、そうではないように思うのです。

池上　おっしゃりたいのは、「そこに内的要因もあったのではないか」ということですね。

佐藤　そうです。例えば、さきほど紹介した二冊の『民主主義』は、ともに無謀な戦争を起こしたのは「日本軍国主義」であり、「軍閥と官僚」に責任がある、という結論で一致します。つまり、国民は完全に免責されているのです。

池上　国民は、軍部が引き起こした戦争で塗炭の苦しみを余儀なくされた被害者として、位置づけられています。

佐藤　しかし、本来は、「それでは、どうして国民は軍国主義の台頭を許してしまったのだろう」という問いかけがあって、しかるべきでしょう。中高生に教えるための教科書ならば、なおさらです。

池上　すでに議論したように、戦前も民主主義のシステムが機能していなかったわけではないんですね。軍部がいきなりクーデターのように実権を握ったのではなくて、政党政治に嫌気のさした国民が、むしろ彼らを持ち上げていったわけです。あれだけ精緻に民主主義を語る教科書が、そこを素通りしてしまうというのは、確かに不自然な感じさえします。

佐藤　東京裁判のプロセスの中で、戦争責任は、「軍部と官僚」から軍部、関東軍、そして東条英機らA級戦犯、という具合に絞り込まれていきました。要するに、みんな「悪いのは俺じゃない」と主張したわけです。二冊の本は、その絞り込みの前に執筆されたものですが、事実上最初に「私は関係ない」と〝宣言〟したのは、国民でした。

誤解を恐れずに言えば、みんな悪事に関係したという事実は認めたくなかった。「誰かのせい」にしたかったのです。でも、これはドイツもそうなのですが、戦争に向けては「国家総動員体制」だったわけです。教育現場も、中央だけでなく地方も、すべて戦時体制に組み込まれていた。特殊なイデオロギーを持つ人や、特殊な宗教を信じる人以外は、程度の差こそあれ、みんながその体制を「当然だ」と支持したのが実態です。

池上　終戦直後の日本人が、その数年前のことを忘れていたはずがありません。

佐藤　しかし、ただでさえ物心ともに疲弊しきった中で、そういう醜い自分の姿を、もう一度鏡に映して眺めてみるという作業は、辛すぎたのでしょう。二冊の本は、民主主義を求める空気と同時に、そうした戦争責任に対する国民の屈折した感情も反映していた。あるべき社会の理想を定義することはできたのだけれど、自分たちの反省に踏み込むことは、ある意味、無意識のうちに忌避されたのだろうと想像します。

池上　もちろん、「一億総ざんげ」的に、「みんなが悪かったんだ」という図式で、相対的に軍部の責任を軽減するのは間違いです。でも、だからといって、国民には反省、総括すべき点はなかったのか。

そう考えていくと、文部省の教科書や「今中本」で語られた民主主義は、やはり「上からのもの」の域を出ていなかったのかもしれません。そんな話をしていると思い出すのは、私の高校時代の担任です。彼は、戦前・戦中は絵に描いたような軍国少年だったわけです。しかし、戦後は一八〇度転換して、共産主義青年になりました。ところが、その後の共産党の所感派と国際派の対立などで希望を失い、すっかり虚無的になってしまった。何を信じたらいいのか、分からなくなってしまったのです。私の目の前にいる先生は、ただの枯れたお爺ちゃんにしか見えませんでしたよ。(笑)

佐藤　そうやって時代に翻弄されて挫折を味わった人間は、決して少数ではありませんでした。

池上　激動の時代だからこそ、知らずしらずのうちに、すがるべき理想というものがどこかにあって、信じられるものが見つかったらその道を進んでいけばいい、という思考になってしまったのかもしれません。本来民主主義は、それが何なのかというところから一人ひとりが考えて、主体的に獲得してこそ血肉になるものなのだけど、その不可欠のプロセスが、残念ながら抜け落ちていたわけです。まあ、言うは易しなのですが。

佐藤　私たちは、かつての日本人を笑うことはできないと思います。「自由なき福祉」に甘んじて、目の前で民主主義のシステムにひびが入っていく姿を「仕方ない」と傍観しているとしたら、結果的に自分の首を絞めることになった「あの時代」と、どこが違うでしょう。

池上　しかも、現代の我々は、そうした「前例」を知っているわけです。教科書もたくさんあります。「民主主義の危機」をくい止めるためには、もう一度「不可欠のプロセス」を辿ることから始める必要がありそうです。

第4章
民主主義の源流をたどってみれば

「デモクラティア」を確立した古代ギリシア

池上　「民主主義とは何か」を考えるうえでは、そのルーツはどこにあるのか、どのように発達してきたのか、という知識が不可欠です。ここで、民主主義の歴史を簡単に振り返っておきたいと思うのです。とはいえ、丹念に追っていけば、それだけで一冊の本になってしまいますから、古代に見られた民主主義の萌芽、その原型、精神が近代の西欧にどのように受け継がれたのか、というあたりに焦点を絞って話を進めていきたいと思うのです。

佐藤　それがいいでしょう。

池上　では、まず古代ギリシアから始めましょう。人類初期の民主政治が、古代ギリシアのアテナイ（アテネ）で執り行われていたことは、みなさんご存知だと思います。

佐藤　これ以前にデモクラシーの原型をみる研究ももちろんあるのですが、ある程度までブラッシュアップされた制度として確立され、何よりも模範として、現代に続く民主主義の制度に取り入れられたという点で、古代ギリシアの民主制を考察しておくことは重要です。

池上　さきほど紹介した文部省の『民主主義』には、「古代の民主主義」として、こう書かれています。

デモクラシーということばは、ギリシア語のデモス－クラートスから出た。デモスは国民であり、クラートスは支配である。そうして、単にことばだけでなく、ギリシアの都市国家、たとえばアテネでは、実際に国民の会議による政治が行われていた。

（『民主主義』教育図書、一九四八～四九年、二〇頁）

この記述からも分かるように、デモクラシー、その語源は「デモクラティア」なのですが、それはもともと「国民、民衆の支配」という制度、状態を指していました。厳密に言えば「主義」という概念はなかったのですが、日本にその考え方が導入された際に、そう訳されたのです。

佐藤　民主主義という用語が定着するまでに紆余曲折があったという話は前にしました。

池上　アテナイは、「ポリス」と呼ばれた都市国家の一つです。当時のギリシアは統一された国ではなく、これらのポリスが並立して成り立っていました。紀元前八世紀頃から形成されるようになり、総数は一五〇〇に及んだとも言われます。

佐藤　ポリスの政治に関与していたのは、「自由民」と呼ばれた一般の市民です。彼らは丘の上などに集まって「民会」という会議を開き、議論を重ねてから採決にかけ、ものごとを決めていたのです。当時の民会は、代議制の議会ではなく、基本的に自由民なら誰でも参加できる場でした。

池上　すなわち、直接民主主義だったんですね。いろんな研究者の書物を読むと、当時の市民たちが「なんとなく」集っていたのではないことが分かります。古代ギリシアの人々は、自分たちが手に入れた制度を自らデモクラティアと命名し、それを守り、担うことに誇りを持っていました。民会に参加するために、一日がかりでやってくるような人もいたそうです。

「市民権法」を作り、アテナイの民主政治を完成させて、その全盛期を演出したペリクレスは、その弁舌でも聞いたものを引きつけることのできる指導者でした。今でも欧米の政治家が手本とするという「戦没者葬送演説」を読めば、彼らがデモクラシーに対してどのような認識を持っていたのかが、よく分かります。

われらの政体は他国の制度を追従するものではない。ひとの理想を追うのではなく、ひとをしてわが範を習わしめるものである。その名は、少数者の独占を排し多数者の公平を守ることを旨として、民主政治と呼ばれる。わが国においては、個人間に紛争が生ずれば、法律の定めによってすべての人に平等な発言が認められる。だが一個人が才能の秀でていることが世にわかれば、無差別なる平等の理を排し世人の認めるその人の能力に応じて、公けの高い地位を授けられる。またたとえ貧窮に身を起そうとも、ポリスに益をなす力をもつ人ならば、貧しさゆえに道をとざされることはない。われらはあくまでも自由に公けにつくす道をもち、また日々互いに猜疑の眼を恐れることなく自由な生活を享受している。

（『戦史』上、トゥーキュディデース著、久保正彰訳、岩波文庫、一九六六年、二二六頁）

これが、およそ二五〇〇年前に行われた演説だという事実を、我々はどう捉えたらいいのか、という気持ちになりますね。

佐藤　「古くて新しい」どころの話ではありません。ただし、そこでみておく必要があるのは、自由民を名乗れるのは、成人男性だけだったということです。女性はその中には含まれていませんでした。また奴隷は、男女ともに政治的な権利を持ちませんでした。

池上　この時代には、奴隷もいました。彼らは自由民ではありませんから、やはり民会に出たりすることはできません。さらに、アテナイに住んでいる成年男性でも、「外国人」はNG。そうした縛りがかけられていたのもまた、事実ではあります。

佐藤　ポリスで採用されていたのは、「ノモス」という規範、法でした。自由民が男で占められているわけですから、その中身は「男権的」なものです。同時に、法である以上、多くの人が納得できるだけの合理性を備えていたわけです。理性的と言ってもいい。

一方、古代ギリシアには「オイコス」という単位があって、これは家政とか家と訳されます。オイコスの規範原理は「ビア」、こちらはギリシア語の「暴力」です。すなわち、家庭には奴隷と女性たちがいて、家長である男には、それらに対する暴力的な支配が許されていました。

民主主義の原型である古代ギリシアは、このポリスとオイコスの二元性で成り立っていたわけです。言い方を変えると、「公」と「私」です。その明確な区別も、古代ギリシアの民主主義の基盤となっていました。

戦争が民主主義を生んだ

池上　ところで、そうした古代ギリシアのポリスには、傭兵などの軍人はおらず、強固な官僚組織は存在しませんでした。大きな宗教的権威を身にまとった神官もいなかった。古代帝国に比べてははるかにスリムなポリスは、それらを必要としなかったからだと解されています。とはいえ、戦がなかったわけではありません。

佐藤　ポリスは、もともと共同で身を守るために集まった兵士たちのコミュニティから始まっているわけだから。

池上　そうです。時代が下っても、争いの種は尽きなかったのです。では、一朝有事の際にはどうしたかというと、一般の市民、平民たちが武器を手に取って戦いました。今で言う「国民軍」です。世界史の教科書で、鎧をつけた重武装の歩兵部隊の絵を目にしたことがあるはずです。長い槍を持って、みんながぎっしり密集して突撃していく。この時代に、一騎打ちに代わって、そういう集団戦が採用されました。

佐藤　アテナイが、大挙して攻め込んできたペルシア帝国の軍勢にその戦法で立ち向かい、これを破ったマラトンの戦い（紀元前四九〇年）は、マラソンの語源になったことでも有名です。

池上　三度戦いを交えたペルシア戦争でしたが、最終的にはアテナイとスパルタが組んだギリシア連合軍の勝利に終わります。そして、戦い終えたアテナイは、ペルシア帝国に対抗するために、ギリシアのポリスに自らを盟主とする軍事同盟であるデロス同盟の結成を呼びかけます。しかし、スパルタはこれに加わろうとはせず、今度は両者が相まみえることになるわけですね。途中でいったん和平が成立するものの、結局三〇年近い戦争を続けた末に、アテナイはスパルタに破れ、ギリシアの覇権をスパルタに譲ることになります。

このペロポネソス戦争では、アテナイが緒戦有利に進めていたのですが、想定外のアクシデントが起きます。さきほど演説を紹介したアテナイの指導者ペリクレスは、都市の城塞の外に居住する市民をその内部に退避させ、自分もそこから指揮を執る籠城戦をとりました。ところが、その城塞内で、当時エーゲ海沿岸などで流行していた感染症が発生したのです。一説によれば、集められた住民の四分の一が死に、なんとペリクレス自身も感染して亡くなってしまいました。民主制により強固な軍隊を作ったものの、思わぬ形で見えざる敵に足をすくわれてしまったわけです。

佐藤　こういう時代だけに、混乱の状況がリアルに伝わってきます。

池上　そうした戦いに参戦したのは、平民たちだったという話をしました。実はそのことが、古代ギリシアの民主主義を発展させるうえで、不可欠の要素になったのです。

佐藤　ふつう「戦争と民主主義」といえば、いかにして市民、国民をそれに巻き込まないか、という方向で議論されますが、それとはある意味、逆の話になるのですね。

池上　「国」の側からすると、戦争で勝つためには、兵士たちが自分の国を守るために死に物狂いで戦う意欲を持っていてくれないと困ります。その点、古代帝国において戦場に赴いていた傭兵には、やはり弱さがある。もらえるお金より大事な命が危険にさらされたら、逃げてしまうわけです。

余談ながら、太平洋戦争の時に日本がシンガポール陥落を狙って、マレー半島に上陸しました。結局イギリス軍と戦って勝つのですが、イギリス軍とはいっても主力部隊はインド兵、というのが実態だったのです。いくらイギリス人の将校に「日本軍と戦え」と言われても、インド兵にしてみれば、なぜ祖国ではなくシンガポールを守るために日本軍と戦わなければならないのか、という話です。「お国のため」に命がけの日本軍とは、戦意に差があって当然でしょう。

佐藤　当時、マレー半島はイギリスの海峡植民地、またインドはイギリスの統治下にありました。

池上　では、自分の国のために命を投げ出して戦った兵士たちはどうか。当然、国に対する帰属意識は高まることでしょう。同時に政治的な発言権も高まり、さまざまな権利も拡充されていくことになります。

佐藤　まさに、ポリスの平民たちがそうだった。

池上　「自分たちこそがポリスの担い手なのだ」という自覚が育ち、意思決定への参画を求めるようになりました。その結果、従来の貴族の支配から脱した民主的な体制が築かれることになったというわけです。「民主主義は戦争によって生まれた」と言っても、過言ではないでしょう。

佐藤　もしも職業軍人がいて、支配勢力が戦争を彼らに丸投げしていたら、少なくともこの時代に民主主義が花開くことはなかったことになります。

民主主義と共和制はどう違う

池上　この時代において古代ギリシアとともに語る必要があるのは、紀元前五〇九年にそれまでの王政から共和制に移行した古代ローマです。その経緯にも明らかなように、共和制は王政、君主制に対立する統治形態でした。共和国と訳されるリパブリック（republic）の語源は、ラテン語のレス・プブリカ（res publica）で、「公共、公益」といった意味を持っています。

佐藤　国は王の私物ではなく、市民全体の利益のためにあるというわけですね。

池上　ローマもイタリアの一都市国家として始まるのですが、王政を倒した後に成立したのは、コンスル（執政官）を中心とする貴族共和制でした。しかし、徐々に力をつけた平民たちが、権利拡大を求めて身分闘争を戦い、紀元前四九四年に、平民のみによる民会の設置に至ります。この平民会で選出された護民官は、貴族で構成される元老院やコンスルに対する拒否権を持ちました。そして、紀元前二八七年には、平民会の決議が元老院の承認がなくても国法となる、と定められました。つまり、平民会が立法機関に格上げされたのです。平民たちが世の中を動かしていくという、今の民主主義につながる仕組みが、このようにしてできました。やがてこの共和制は崩れて、専制君主が権勢をふるう強大なローマ帝国が登場していくことになるわけですが。

佐藤　そのような平民の地位向上には、ローマがイタリア半島全体に勢力を拡大していく途上で、古代ギリシア同様、平民たちがその戦争の中核を担った、という背景があったと言われています。

池上　そうです。平民が主人公となる古代ローマの共和制も、戦争によって基盤が築かれました。ただ、そのように言うと「みんなが平等」な社会にも聞こえますけど、ここにも奴隷がいて、人間扱いをされていませんでした。ギリシアの奴隷が主として家内労働に携わったのに対して、ローマでは戦争捕虜などを労働に就かせる規模の大きな「奴隷制」が発達しました。

ローマの共和制に元老院という議会が存在したのも、ギリシアとの違いです。説明したように、紀元前三世紀の前半に立法権を平民会に明け渡したのですが、その後もローマ帝国の成立まで、大きな影響力を行使したのです。ちなみに、ローマ帝国でも元老院の名は残りましたが、実際には帝政の下で形骸化した存在となりました。

佐藤　コンスルの任期が一年なのに対して、元老院の議員は基本的に終身その職を担いました。共和制の下では、実質的に彼らが外交や財政の決定権を握っていたとされます。

池上　この元老院は、ラテン語でセナトゥス（senatus）。アメリカの連邦議会の上院「senate」は、これが語源なのです。上院議員は、人口に比例するかたちで各州に議席が割り当てられ、完全小選挙区選挙で獲得を争う下院議員と違い、各州から二名ずつ選出される仕組みになっています。州の人口や面積は関係ありません。

佐藤　二〇二〇年十一月のアメリカ大統領選挙と同時に行われた連邦議会選挙では、ジョージア州の上院二議席が決戦投票に持ち込まれ、決着が越年しました。

池上　その結果次第で上院の多数を民主、共和党のどちらが握るか、という状況でしたから、行方が注目されましたよね。

アメリカでは、両院のどちらかに優位性はないのですが、任期は下院の二年に対して、上院は六年。各省の長官など大統領が指名した人物の承認や、条約の批准などは、上院の権限となっています。アメリカに貴族はいないけれども、庶民の代表である下院に睨みをきかせつつ、じっくり腰を落ち着けて国のあり方を考えるといった仕事を任されている、と考えればいいでしょう。

佐藤　貴族がいるイギリスには、実際に貴族院（上院）があります。非公選で、聖職貴族と言われる人たちを除いて、任期は終身です。聖職貴族というのは、国教会の高位にある人たちなどで、主教位という地位を辞した場合には、議員も辞めなくてはならないことになっています。

当然、議会では民主的な選挙で議員を選ぶ庶民院（下院）が優位なのですが、それにしても我々の感覚からするといかにも「中世的」に感じられる貴族院に関しては、時の政権によってさまざまな改革の手が加えられてきました。近いところでは、一九九七年から二〇〇七年まで首相を務めた労働党のトニー・ブレアが、積極的な貴族院改革を断行しています。九九年に貴族院法を成立させて、世襲の貴族の議席数を大幅に削減。さらに二〇〇五年には憲法改革法を成立させて、最高裁判所を新設しました。中世以降貴族院が保持してきたその権能が、新設の機関に移管されることになったのです。

池上　つい最近まで、最高裁判所にあたるものが貴族院にあったというのも、驚きではあります。

日本においても、明治憲法下の帝国議会には、皇族、華族、天皇が任命する勅選議員などから構成される貴族院（上院）がありました。戦後、形のうえでは、それが参議院になります。

現在、多くの国の議会で二院制が採用されていますが、ざっくり言えば、平民たちの民主主義を貴族たちの元老院がコントロールする、というローマ共和制の採用したスタイルが、現代まで受け継がれているということができるでしょう。

佐藤　ところで、そもそも後世に大きな影響を与えたギリシア型の民主主義と、ローマの共和制はどう違うのか、というのも大事なテーマです。

池上　これも、いろいろな角度から述べられるわけですが、次のように言えば分かりやすいのではないでしょうか。

　共和制というのは、さきほども説明したように、君主制に対立する制度です。ですから、イギリスは共和国ではありません。では、民主主義の国でないかと言えば、そうではないですよね。主権が君主にではなく、国民にある立憲君主制の国だからです。逆に、君主のいない共和国であっても、事実上為政者による独裁体制にある国、すなわち民主的とは言い難い国家もありえるわけです。

佐藤　「将軍様」に権力が集中している「共和国」が、確かにあります。「民主主義」も名乗っていますが。（笑）

池上　君主制でないのが共和制、多数による支配の行われているのが民主主義。ひとことで言えば、そういうことになると思います。ただし、実際の歴史において、両者がそのように教科書的な説明で切り分けられていたのかというと、必ずしもそうではないようです。
東京大学社会科学研究所の宇野重規教授は、著作『民主主義とは何か』で、次のように述べます。

その後（注：ローマ共和制の実現後）の歴史を考えると、民主主義という言葉はどちらかといえば否定的な意味合いで用いられることになります。そこにはつねに「多数者の横暴」や「貧しい人々の欲望追求」という含意がつきまといました。これに対し共和政は「公共の利益の支配」として、正当な政治体制のモデルとして語られ続けたのです。結果として、自由な市民による自己統治という理念は、むしろ共和政という言葉とともに継承されました。
（『民主主義とは何か』宇野重規、講談社現代新書、二〇二〇年、七九〜八〇頁）

池上　そのうえで、二五〇〇年の歴史を持つ民主主義が「肯定的な言葉として用いられるようになったのは、ここ数世紀のことに過ぎません」と指摘するのです。

佐藤　民主主義は、長く「衆愚政治」のようにみなされてきたというわけですね。それが近代になって「再評価」されるというのも、歴史の面白いところです。

ともあれ、それまでの権力のあり方を変革し、民主制の礎《いしずえ》を築いたという点で、古代ギリシアとローマの果たした役割は、正確に捉えておく必要があるでしょう。

社会を変えた市民革命

池上　さて、そういう礎の上に、今につながる民主主義のシステムを築いていったのが、近代のヨーロッパでありアメリカです。この時代、封建時代末期の絶対王政を倒す「市民革命」によって、社会が大きく変貌を遂げていったわけですね。

まずその洗礼を受けたのが、イギリスです。一六四二年に、時のチャールズ一世の専制政治に不満を抱いた議会派が決起して、内乱が起こります。そして四九年、王政は倒れ、共和政が実現しました。クロムウェル率いるピューリタンが中心的な役割を担ったことから「ピューリタン革命」と名付けられました。

佐藤　ピューリタンというのは、宗教改革の中心人物だったカルヴァンの教えに忠実なプロテスタントのことです。国教会の中のカトリック的なものを一掃し、純粋化することを要求したので、「清教徒」と呼ばれたのです。チャールズ一世の先代のジェームズ一世は、このピューリタンを弾圧しました。ただ、これは単なる「宗教戦争」ではなかったわけですね。

池上　そうです。ジェームズ一世が信奉していた政治理念は、「王権神授説」でした。その名の通り、国王の権力は神から与えられた神聖不可侵なものだ、とする考え方です。絶対王政の下で、国王や貴族、聖職者によって体制維持の理論として展開されました。しかし、その理屈は、相対的に力をつけてきた議会派の利害との矛盾を徐々に拡大させ、ついには内戦に突入するわけです。

この内戦は、議会派が主としてジェントリと呼ばれた新興地主のピューリタンと独立自営農民、王党派は大貴族や商人、大地主など、という構図で戦われました。勝利した議会派のクロムウェルは、チャールズ一世を処刑し、王に代わって政権の座に就きます。

佐藤　ところが、実現させた共和制の下でクロムウェルが行ったのは、絵に描いたような独裁政治だった。実は、議会派も〝一枚岩〟ではありませんでした。革命のさ中、議会派の中に小市民などを中心とするレヴェラーズ（平等派）という勢力が現れます。この人たちは、より民主的な共和制を求めて、四七年にクロムウェルに対して「人民協約」を提出しました。その中では、普通選挙による人民の権利の拡大などが謳われていたのです。

池上　裏を返せば、当時のイギリスの議会は、あくまでも「身分制議会」で、一般の庶民が選挙権を持っていたわけではないのですね。それにしても、この時期に人民の側から議会を通じた政治参画の要求が高まっていたというのは、やはり注目すべきことだと思います。ただし、クロムウェルはそうした農民たちの運動を弾圧し、共和制の下で「平等な制度」が日の目を見ることはありませんでした。

佐藤　全権を掌握したクロムウェルは、そうしてピューリタンの使命感に従った政治を断行しますが、それによって人心が離れていくことになります。その結果、彼の死後、一六六〇年にチャールズ二世が復位し、「王政復古」となりました。

しかし、再び王権神授説の世界に引き戻そうとした王政は、すぐに議会と対立します。チャールズ二世を継いだ弟のジェームズ二世がカトリック復帰を画策したのに対して、国教会（プロテスタント）に立脚する議会は、八八年にオランダから新国王を招聘。勝ち目がないと悟ったジェームズ二世は、フランスに亡命しました。これは無血革命だったことから、「名誉革命」と命名されました。ピューリタン革命からの一連の流れを「イギリス革命」とも呼びます。

池上　それによって確立されたのが、立憲君主制です。翌八九年に公布された「権利の章典」には、立法権や徴税権、軍事権、さらには王を任免する権利が議会にあることなどが明記されました。

この時期の思想家として忘れてはならないのが、ジョン・ロックです。九〇年に著した『統治二論』では、王権神授説を真っ向から否定し、人民主権を説きました。

生まれながらにして権利を付与されている国民の信託によって、国家は成り立っている。政府が国民の意に反して生命、財産や自由を奪うようなことがあれば、抵抗権をもって政府を変更することができるのだ——。ごく簡単に言えば、そういうことです。

佐藤　今の我々からすれば、至極当たり前に感じられますが、これは文字通り革命的な理論でした。

池上　後のアメリカ独立宣言、フランス人権宣言などにも大きな影響を与えました。日本国憲法にも、その理念は取り入れられています。

佐藤　イギリスにおいては、共和制は根付くことなく君主が舞い戻ってきたわけですが、今度はそこにタガをはめて、人民の権利を認めさせた。その後も君主制の下での議会政治を発展させつつ、現代に至るわけです。

アメリカ、「平等」の裏に

池上　イギリスが達成した名誉革命のおよそ一〇〇年後の一七七五年、アメリカ独立戦争が起こりました。アメリカにとっては、結果的に共和制の国家を実現した市民革命でもありました。

戦いは八三年まで続くのですが、七六年には、今述べた「独立宣言」が決議されました。起草したのは、後にアメリカ合衆国第三代大統領となるトマス・ジェファソンです。この独立宣言は、それまでのイギリスの圧政、悪政を告発するとともに、市民に平等、自由、幸福の追求などの基本的人権と、圧政に対する革命権を認めるものでした。そこには、次のような文言が記されています。

われわれは、以下の事実を自明のことと信じる。すなわち、すべての人間は生まれながらにして平等であり、その創造主によって、生命、自由、および幸福の追求を含む不可侵の権利を与えられているということ。こうした権利を確保するために、人々の間に政府が樹立され、政府は統治される者の合意に基づいて正当な権力を得る。そして、いかなる形態の政府であれ、政府がこれらの目的に反するようになったときには、人民には政府を改造または廃止し、新たな政府を樹立し、人民の安全と幸福をもたらす可能性が最も高いと思われる原理をその基盤とし、人民の安全と幸福をもたらす可能性が最も高いと思われる形の権力を組織する権利を有するということ、である。

佐藤　独立戦争に勝利したアメリカは、そこに盛られた理想の通り、初めから国王や貴族などではなく、平等な市民が主権を持つ国としてスタートしたわけですね。

池上　それがヨーロッパとの違いでした。ただ、ここでも注意しなくてはならないのは、奴隷の存在です。

佐藤　「平等な市民」というのは、あくまでも白人入植者たちのことで、先住民族であるいわゆるインディアンや黒人奴隷には、基本的人権は認められていませんでした。

池上　トマス・ジェファソンの時代には、黒人は人間ではなかったのです。奴隷はあくまで「商品」として売買されるものでした。

二〇二〇年のアメリカ大統領選挙で、接戦の末に勝利を収めた民主党のジョー・バイデンが、演説で「We the people」という言葉を使いました。アメリカ合衆国憲法にある「私たち人民」というフレーズをさりげなく出すことで、アメリカの建国の理念に立ち返ろうということなのですが、当時の「ピープル」に黒人は入っていなかった。

佐藤　ジェファーソン自身、奴隷制度の拡張には反対したのですが、彼自身が南部の人間で、奴隷所有者でした。

池上　付言すれば、時代は下り、リンカーン大統領が「奴隷解放宣言」を出したのは、南北戦争が始まって二年後の一八六三年でした。南北戦争は、奴隷制度の拡大に反対するリンカーンの大統領就任に反発した南部が、分離独立を要求して始めたものですが、初めは必ずしも奴隷制度の是非そのものをかけた戦いではなかったんですね。しかも、リンカーン率いる北軍は、当初劣勢を強いられました。

その状況で戦争に勝つためには、南軍側にいる黒人たちを味方にするのが得策だ、と彼は考えた。実は、リンカーン自身も黒人差別意識を持っていたのだけれど、すぐれて戦略的な判断から、奴隷解放を宣言して、争点をそこにフォーカスした。実際、それを見てイギリス、フランスなども北軍支持に回り、六五年に勝利することができたのです。

佐藤　この南北戦争は、六〇万人超という「アメリカの戦争」としては空前絶後の犠牲者を出しました。ちなみに、第二次大戦でのアメリカ人の死者は約三〇万人です。新大陸に理想の民主主義国家を建設したと思ったのに、奴隷制や産業構造の違いを起因とした「南北対立」が悲劇を生んだわけです。

黒人奴隷に関しては、解放はされたものの差別は残り、法的な平等の確保は、一九六四年の公民権法の成立まで待つ必要がありました。しかし、その後も黒人差別の問題は、思い出したようにアメリカ社会に顔を出し、今また深刻な状況が生まれているのは、ご存知の通りです。

立憲君主制を目指したはずが

池上　もう一度時代を戻すと、アメリカ独立革命の成功は、大西洋を挟んだフランスにも大きな影響を与えました。

十八世紀フランスのブルボン朝時代、王はアンシャン・レジーム（旧制度）と称された封建的身分制度をベースに、権力の集中を図っていました。第一身分（聖職者）や第二身分（貴族）が非課税などの特権を持つ半面、人口の大部分を占める第三身分と言われる人々は、都市でも農村でも、無権利の状態に置かれていたのです。

しかし、市民が徐々に経済力を高め、ヴォルテールやルソーなどの啓蒙思想が広く受け入れられたこともあって、封建社会の教会や王権の絶対的権威は揺らぎます。そこに、外からイギリス革命の成果やアメリカ独立宣言に盛り込まれた革命権の思想が輸入され、フランス革命につながっていくわけです。

佐藤　一七八九年のバスティーユ監獄の襲撃に始まり、九九年に後に皇帝の座に就くナポレオンが権力を掌握するまで続きました。まあ国の主権者を交代させようという戦いですから、想定外のことが起こるのは当たり前かもしれませんが、フランス革命も一筋縄ではいきませんでした。

池上　バスティーユの襲撃があった翌月には、第三身分が中心となって設置されていた憲法制定国民議会が、封建的特権の廃止を決議し、「人間及び市民の権利の宣言」いわゆる「フランス人権宣言」を制定します。実は、その時点で想定されていたのは、立憲君主制の国づくりだったんですね。

ところが、国王ルイ一六世は議会の決議を認めないばかりか、革命が進行する中、九一年に国外逃亡を企てて、その権威を失墜させてしまいます。それがきっかけとなってできた立法議会は、九二年に王権停止を決議。同じ年に行われた男性普通選挙により招集された国民公会によって、王制廃止、共和制国家樹立が宣言されました。九三年、誰もが知るように、ルイ一六世は王妃マリー・アントワネットとともに、ギロチン台の露と消えたのです。

佐藤　しかし、革命は続きます。新たに共和制となったフランスでまず権力を握ったのは、ロベスピエール率いる山岳派です。フランス革命は、ジャコバン・クラブという政治組織が主導したのですが、内部には立憲君主制を唱える右派、穏健的な共和派、共和制の徹底を主張する急進的左派が混在していて、主導権争いを繰り返していました。山岳派は、この中で最左派ともいえるスタンスにいました。「左派」「左翼」という言葉は、議長から見てこの山岳派が議場の最も左側に着席していたことから生まれたものです。

権力を得た彼らは、急進的な共和制を目指して独裁政治を実行し、封建地代の無条件無償廃止などを実現させます。一方で、右派を次々に処刑するなどの恐怖政治や、過度な経済統制などは、徐々に人心の離反を生むことになりました。その結果、九四年に反対派のクーデターが起こり、ロベスピエールは失脚してしまいました。

その後、穏健な共和派の主導する総裁政府が成立しますが、国内では、引き続き左右の対立が止みません。そうした中、政治の安定を願う人々の支持を受けた軍人のナポレオンが登場し、これもクーデターで総裁政府を倒すことに成功しました。

池上　フランスはこの一〇年で封建制→立憲君主制→共和制というふうに、統治の体制をつくり替えたと言ってもいいでしょう。同じ絶対王政の打破からスタートしながら、イギリスとは着地点が違ったというのも、面白いところです。

佐藤　もし、ルイ一六世が議会や民衆の声を受けとめていたら、フランスは今でも「国王のいる国」だったかもしれません。

池上　このフランス革命の思想で特筆すべきは、やはり人権宣言です。前文と一七条からなるのですが、第一条にはこうあります。

人は、自由かつ権利において平等なものとして出生し、かつ生存する。社会的差別は、共同の利益の上にのみ設けることができる。

ここには、「国民の自由と平等」が高らかに謳い上げられています。このほか「圧制への抵抗権」「国民主権」「法の支配」「権力分立」「表現の自由」「思想・良心の自由」

「私有財産の不可侵」といった、民主主義の基本原則がきちんと明記されているんですよ。現代のフランス人は、事あるごとにフランス革命を持ち出します。我々が享受する民主主義のルーツは、そこにあるのだ、と。そう自慢したくなる気持ちも分かるような気がします。

佐藤　実際の運用面はともかくとして、これだけ明確な理念が語られれば、民主主義を否定的に捉える必要はなくなるはずです。近代にヨーロッパで起こった封建制の崩壊によって、古代の民主主義の理想が蘇ったと言えるのでしょう。民主主義思想が絶対王政を打ち破った、とも言えるのですが。

池上　私がフランス革命でもう一つ述べておきたいのは、フランスの国是ともいえる「ライシテ」すなわち「政教分離」の原則が、やはりこのフランス革命を起源としていることです。アンシャン・レジームにおいては、カトリック教会が国教としてフランスの王権と一体化していました。文化の面でも行政の面でも、ブルボン朝による絶対王政を支えていたのです。革命勢力の攻撃の矛先は、当然、そのカトリック教会の権威にも向きました。実際、革命のさ中、共和制への従属を拒否したカトリック聖職者の多くが処刑されています。

佐藤　その後、さまざまな「非宗教化」政策が実行された結果、一九〇五年に政教分離法（ライシテ法）という法律ができるわけですが、これは人権宣言第一〇条の「何人もその意見について、それが、たとえ宗教上のものであっても、その表明が法律の確定した公序を乱すものでないかぎり、これについて不安をもたないようにされなければならない。」という精神を受け継いだものでした。

それにしても、フランスの政教分離は徹底していますね。それゆえに、近年国内のイスラム教徒との軋轢も生じています。

池上　二〇二〇年十月、パリ近郊でイスラム教の預言者ムハンマドの風刺画を授業で扱った男性教師が殺害される、というテロ事件が起きました。その国葬で、エマニュエル・マクロン大統領が、「我々は風刺画をやめない」と発言して、イスラム圏の猛反発を買いました。大統領には、そこに触れないという選択肢もあったけれども、フランスの民主主義の基本原理である政教分離、そして表現の自由の理想をあえて語ったということです。

佐藤　政教分離の原則は、フランスの歴史的文脈から生じた制度です。しかし、それが今になって、文化や宗教的背景が異なる国々との間で、シビアな国際問題を引き起こすことにもなっている。

池上　古代に芽吹き、近代に形を整えた民主主義は、いろいろなかたちで現代につながり、時として困難な課題も我々に突き付けるわけです。

佐藤　こうした西欧型の民主主義は、日本の政治の「近代化」にも影響を与え、終戦後はそれを「教科書」にして民主化を推進したわけですが、しかし、良くも悪くもそのままの形で根付くことはありませんでした。それは第2章でもみてきた通りです。

第5章

世界で危機を増幅させる「最悪の政治形態」

国民投票という危険な仕掛け

池上　ウィンストン・チャーチルは、一九四七年にイギリス下院で行った演説で、「実際のところ、民主主義は最悪の政治形態と言うことができる。これまでに試みられてきた民主主義以外のあらゆる政治形態を除けば、だが」という有名な言葉を残しました。まさに、言い得て妙です。

佐藤　民主主義は、他のどの政治形態と比べても優位性を持つ。しかし、民主主義の名の下に実際に行われている政治の内実を知れば、それは最悪のシステムと表現するしかないものだ――。議論してきたような日本の政治を見るにつけ、「チャーチルの時代」から変わらないどころか、後退していると言われても仕方がないような実状があります。

池上　世界を見渡しても、近年その「最悪さ」が加速している感が否めないのです。アメリカの四年間の「トランプ政治」による分断の拡大、イギリスの想定外のＥＵ離脱、中国のデジタルを活用した新たな中央集権など、さまざまな形で、長い年月をかけて勝ち取ってきた民主主義の足元を揺さぶる状況が生まれていると言わざるを得ません。

佐藤　皮肉なことに、イギリスの「ブレグジット」は、国民投票という表向き最も民主的な方法によって決定されたことで、民主主義がいかに脆弱なものであるかを証明してしまいました。

池上　国民投票が実施されたのは、二〇一六年ですが、きっかけは一五年の総選挙で、EU離脱の是非を問う国民投票実施を公約に掲げた保守党が勝利したことでした。ただし、その公約自体、支持をつなぎとめるための、すぐれて戦術的なもので、保守党の党首で首相だったデーヴィッド・キャメロン自身、離脱に賛成しているわけではありませんでした。国民投票をやったとしても、否決されるだろうと高をくっていた。

佐藤　実際、多くの国民もそう思っていたわけです。

池上　我々は欧州の一員などではない、と栄光の大英帝国復活を望む高齢者は、チャンス到来とばかりに、離脱に賛成票を投じるべく投票所に行く。若者たちは、生まれついた時から「EU市民」ですから、そこから離れるなどということには現実味が乏しく、投票には行かなかった。そんな構図もあって、僅差で離脱派が勝利したことに、離脱派自身も驚いたのです。結果が出た当日、ロンドン市内の地下鉄の車内はまるでお通夜のようだった、と実際に乗った人から聞きました。

佐藤　ネット上では、離脱に賛成票を投じたり、投票に行かなかった人たちの後悔の声が溢れ、「Regret」（後悔）と「Exit」（離脱）を掛け合わせた「Regrexit（リグレジット）」という造語が誕生したりしました。再度の国民投票を求める署名も、何百万も集まった。

池上　国民投票の「言い出しっぺ」だったキャメロンは、この結果を受けて首相を辞任します。

佐藤　一方、ＥＵ離脱運動の先頭に立ってきた右派のポピュリズム政党、英国独立党（ＵＫＩＰ）のナイジェル・ファラージ党首も、国民投票の二週間後に党首を辞任してしまいました。彼も結果に驚いた一人だったようです。二〇一五年の総選挙では一二・六％という三位の得票率を獲得していたＵＫＩＰ自体も、一七年の選挙では得票率二％を割り込み、一人も当選させることができませんでした。

池上　目標としていた「イギリスの独立」が、ついに成ったというのに。

佐藤　ともあれ、イギリスというのは、本来そういうやり方で物事を決める国ではないのです。さきほどの王室との確執でも明らかなように、議会制民主主義という確固たる伝統があるわけですから。

池上　実は国民投票の後、裁判所が離脱に待ったをかけたんですね。ＥＵを離脱するか否かなどということは、議会が決めることである、と。当時、英国議会では、離脱反対派のほうが圧倒的に多数を占めていましたから、そこで審議されている限り、ブレグジットは起こりえませんでした。しかし、国民の直接投票で「民意」が示されてしまった以上、議員たちはどうすることもできません。議会は、渋々ながら離脱賛成の結果を「追認」せざるを得なくなったのです。

しかも、そんな経緯で、事前に明確な青写真も描くことなく事を決めたために、国の内外で右往左往の大混乱をきたし、離脱の形を整えるまでに三年半もかかってしまいました。イギリスは、自らが決めてしまったことのために、長い時間と大きなエネルギーを費やすことになったわけです。

佐藤　その上で、ブレグジットにより、他のヨーロッパ諸国と従来のようにヒトやモノが自由に行き来できないことによる、経済的、物理的なデメリットといった十字架を背負うことになりました。離脱を通じて、国内の分断が進行したのも痛かった。

池上　二〇二〇年一月三十一日にイギリスはＥＵを離脱しましたが、残留派の多かったスコットランドなどでは、その英国から離脱しようという機運が高まっています。

　ということで、ブレグジットは、安易に「国民投票でみんなの意見を聞いてケリをつけよう」という方向に流れることの危険性を、身をもって示しました。ただ、この問題は、決して他人ごとではありません。日本でも、国会で憲法改正の発議が行われたら、国民投票が行われることになります。改憲派の政治家や評論家などは、「判断するのは国民なのだから、国会は粛々と発議すればいい」と言うのだけど、その場合には、国会の場で十分議論が行われて、国民の前に論点や判断材料がきちんと提示されている、ということが前提になるでしょう。

佐藤　憲法改正の発議をしようというのだから、国会は、賛成派が衆参ともに三分の二以上の議席を占めている状態です。最後まで少数派の意見を聞くという「健全な民主主義」を貫くのには、改憲派に高い見識と自制心、粘り強い努力といったものが求められるのですが。

池上　なおかつ、国会から「賛成しませんか？」と提案された時に、国民投票でそれを否決することが、現実問題として可能なのかという点も問題です。

佐藤　その通りです。ちょっと考えてみれば分かるのですが、国民投票になった場合、それを否決されたら内閣は倒れます。つまり、内閣に対する信任投票とイコールになるわけです。キャメロンは反対を見越して国民投票を選挙で公約し、それを行うという政治の定石に反することを行いました。国民投票を提起した政権は、生き残るためになりふり構ってはいられません。恐らく、多数の賛成を得るために、どんなプロパガンダでもやるでしょう。政権にある人たちは、「Ｇｏ　Ｔｏキャンペーン」の予算のうち、事務委託費に二割弱も注ぎ込むようなことを平気で実行するのですから、国民投票ともなればどれだけ「頑張る」か、目に浮かびます。

池上　なんといっても、権力を握る側は強い。そうしたことで、国民の目が曇らされる危険性は、否定できません。

佐藤　そして、そのようにしていったん「民意」が示されると、議会も天皇の権威も、形の上では飛び越えてしまう。それが起きた時に、「日本型民主主義」がどうなるのかというのは、読めない部分もあります。

池上　改憲反対派も根強くあるわけで、どちらが勝っても、亀裂を生むことになるでしょう。それを克服するのが民主主義だと言えば、その通りなのですが。

佐藤　一方で、私には「国民投票はすべてを封じ込めるオールマイティのジョーカーではない」という皮膚感覚もあるんですよ。やや矛盾するようですが。

池上　なるほど。それはなぜですか？

佐藤　一九九一年三月十七日に、ソビエト連邦傘下の共和国の権限強化などを含んだ新たな連邦条約を締結する前段として、そもそも連邦維持を可とするかどうかを問う国民投票が行われたのです。これは完全に民主的な選挙で、例えばやりたくない国はやらないでいい、というものでした。実際、すでにソ連からの独立を宣言していたバルト三国（エストニア共和国、ラトビア共和国、リトアニア共和国）などはボイコットしています。

この国民投票についてちょっと資料を調べてみたら、ロシア国民の七一％が賛成。同じく、ウクライナ七〇％賛成、ベラルーシ八三％、カザフスタン九四％、ウズベキスタン九〇％……。圧倒的に「ソ連維持」という結果だったわけです。ゴルバチョフ大統領は、これで胸をなでおろしました。なんとか連邦は守られた、と。

ところが、それは糠喜びだった。その五ヵ月後に、モスクワで各共和国の権限強化などに反対する保守派によるクーデター未遂事件が起きて、結局ソ連は崩壊への道を辿っていくわけです。

池上　それだけ圧倒的な民意が示されたのに、結果的には失敗に終わる一つのクーデターによって、連邦は維持できなくなってしまった。今論じたのとは別の意味で、民主主義の脆さを思い知らされるような気がします。

佐藤　そんな「歴史のダイナミズム」を目前で見せられると、国民投票の効力にも大きな限界があるように思えてしまう。人は、自分の経験からなかなか離れられないところがあるのです。

分断を際立たせる「アイデンティティーの政治」

池上　世界が注目した二〇二〇年のアメリカ大統領選挙では、民主党のジョー・バイデンがかろうじて勝利して、トランプの執政はとりあえず四年で幕を下ろしました。

佐藤　選挙に敗北しても、郵便投票の不正などを訴えて抵抗を示すだろう、という見方は選挙前からありましたが、頼みの共和党がトランプの期待したほどには動かなかった。

池上　しかし、一期でこれだけやりたい放題やった大統領もいないのではないでしょうか。移民への圧力、医療制度改革いわゆる「オバマケア」への攻撃、温室効果ガスの排出抑制を目指す「パリ協定」からの離脱、イラン核合意からの離脱、イスラエルのアメリカ大使館のテルアビブからエルサレムへの移転、WHO（世界保健機関）からの脱退通告、米中貿易摩擦も、直接の火付け役はトランプでした。

佐藤　あえて功績を探せば、トランプ政権の仲介外交で、イスラエルは、アラブ首長国連邦、バーレーン、スーダン、モロッコと外交関係を結ぶことができました。イスラエルの影響力を強化するという形で、中東に新たな勢力均衡体制が構築された意味には、結構大きなものがあります。

池上　大使館の移転で第五次中東戦争が勃発するのではないか、という懸念も高まったのですが、結局パレスチナ側が攻撃を仕掛けることはありませんでした。

佐藤　北朝鮮の金正恩《キムジョンウン》を「宮殿」から表に引きずり出して握手するというのも、彼にしかできないことだったかもしれません。もし、四年前にヒラリー・クリントンが大統領になっていたら、アメリカが北朝鮮の核施設を破壊するための軍事行動に出ていた可能性を否定できないと思います。ただし、握手したことで当面の朝鮮半島での武力衝突は回避できたものの、北の核保有をアメリカが事実上容認する結果になりましたが。

池上　「アメリカ・ファースト」で国際的にもさまざまなハレーションを起こしたわけですが、民主主義という観点からみて深刻なのは、大統領選でも露呈したアメリカ社会の分断です。大統領選挙の結果が出たのに、多くの人が不正を訴える候補者に呼応して「彼こそ大統領」と声を上げ続けるという光景も、これまで見たことがありません。バイデン新大統領は、スタートから重い荷物を背負わされることになりました。

佐藤　大統領選挙の際には、南側に共和党支持の赤色の州があって、北に民主党の青い州が固まっている、という合衆国の地図をメディアで頻繁に見せられました。ここは激戦で、まだ色がつけられない、とか。でも、あれはアメリカの現実を正確に表してはいないのです。もっと細かな、例えば市や町や、さらに中心部と郊外のようなドットを刻んだら、赤と青が混ざった紫に見えるはず。その紫が、赤みがかっていたり、青っぽかったり。それが現実なのです。

池上　アメリカ大統領選は、一般選挙でいずれかの候補者が一票でも多く得票すれば、一部を除いてその州の選挙人を総取りするという仕組みなので、州ごとに色分けされることになるのだけれど、実際の「民意」はずっと複雑に入り組んでいる。しかも、それは、今までの「共和党支持」「民主党支持」で測れる亀裂ではありません。そういうシビアな分断が、国のそこここに生まれているということですね。

佐藤　私は、日本の南北朝時代に似ていると思うのです。

池上　鎌倉幕府崩壊後に、足利尊氏が京都で新たに北朝・光明天皇を擁立し、これに対抗して京都を脱出した南朝・後醍醐天皇が吉野に朝廷を開きました。日本の歴史上、二人の天皇が並び立ったのは、この時と源平が戦った時代しかありません。

佐藤　源平合戦が東軍対西軍の分かりやすい戦いだったのに対して、南北朝は違いました。日本全国の寺社、大名たちが、自らの利害をにらんで北朝と南朝とに分かれて戦ったからです。つまり、南北朝それぞれのネットワークが全国に広がって、錯綜の様相を呈していた。例えば南朝の「総司令官」だった北畠親房《きたばたけちかふさ》は、関東地方での勢力拡大を目的に、今の茨城県、常陸国に渡りましたが、目的を達することなく吉野に帰還したりしています。そういう構造だったために、あの動乱は半世紀以上の長きに渡ったわけです。

池上　アメリカでこれから「南北朝時代」が始まるとすると、やはり長期戦を覚悟しなくてはならないのでしょう。

佐藤　構造的に、長く続いてしまうと思うのです。そうは言っても、分断を鎮めようというバイデンが大統領になったのだから、少しずつではあれアメリカは冷静さを取り戻すのではないか、とみる人もいるのですが、私はそう単純な話ではないと考えています。

池上　外から見ればあれだけ滅茶苦茶なことをやったトランプを熱狂的に支持した人たちが、そう簡単に夢から覚めるとは思えません。

佐藤　彼らは、今後もバイデン大統領の正当性自体を認めないでしょう。まさに「尊氏らに渡した三種の神器は偽物で、本物はわが手にある」と主張した後醍醐天皇のごとく（笑）。ただ、私は、問題はむしろ大統領選でバイデンを支持した層の動向だと思うのです。

民主党支持者は、トランプ時代の四年間、「反トランプ」で結束することが出来ました。しかし、トランプという「共通の敵」を失ったこれからは、どうなるでしょうか？

池上　確かに、民主党支持といっても、バーニー・サンダースを応援するような左派から穏健派まで、いろんな主義主張を持つ人がいます。

佐藤　これからは、そういう違いが表面化してくるように思います。そもそも民主党は、「反トランプ」のようなスローガンでまとまるのではなく、「アイデンティティーの政治」を追求しているわけで、それが前面に出てくる。黒人、ヒスパニック、ジェンダー、エスニック・グループといった自らのアイデンティティーを最優先に考える人々が一致団結するのは、そう簡単なことではないのです。例えば、黒人差別に対するＢＬＭ（Black lives matter）にしても、広範な運動であるがゆえに、さまざまな人が加わっているわけです。そうした、細分化したアイデンティティーの政治というのは、舵取りが非常に難しい。アメリカでは、むしろトランプ時代よりも社会的な分断が複雑化、先鋭化するかもしれません。

池上　それも、皮肉な話としか言いようがありません。民衆が多様な要求を掲げ、政治の側はそれらの調整を図りながら実現を目指していくというのが、民主主義の本来の姿であるはずなのに、そのメカニズムが逆に団結自体を難しくしてしまう。トランプ大統領という障害が取り払われたことで、そういう民主主義のアキレス腱が露呈することになるのでしょうか。

沖縄がアメリカ大統領選を注視したわけ

佐藤　あえて言うと、そのこともまた、他人ごとではないのです。アメリカ大統領選の帰趨を、日本の他の地域に比べてとりわけ高い関心を持って見守っていたのが、沖縄です。大統領選直後、地元紙はこう書きました。

県庁では基地対策課を中心に開票速報を見て情報を収集している。ワシントン事務所では今後の米国との交渉に向け、人事など米政府の態勢について情報を集めたい考えだ。
謝花喜一郎副知事は「民主党になろうと、共和党になろうと、基地に関する政策や中国との関係は同じだ。（米軍の）『集中から分散へ』という流れは変わらないだろう」と話した。
（『琉球新報』電子版、二〇二〇年十一月五日）

まるで国政選挙のような扱いです。

池上　基地問題などについて、沖縄が新政権と直接交渉をしたい、という気持ちがひしひしと伝わってきます。

佐藤　ポイントは、そこです。同じ記事は、玉城デニー知事の「昨年、米国に出向いて基地負担軽減や日米同盟の安定化について県の考え方を伝えた。どなたが大統領になっても引き続き要請し続けたい」「国同士で物事を進めるのではなく、沖縄という当事者が加わった上で現実的な議論をさせていただきたい」という発言も報じました。
基地問題などについて、アメリカと「沖縄という当事者が加わった議論」が果たして可能なのかと思う人も多いでしょう。そこに、沖縄人のアイデンティティーが、風穴を開けるかもしれないのです。

アメリカには、沖縄系の人が数多く住んでいて、エスニック・グループをつくっています。例えば、今のハワイ州知事のデービッド・イゲ氏は沖縄系です。そういう人々の大多数は、ウチナーンチュ（沖縄人）というアイデンティティーを強く持っているのですが、ジャパニーズ（日本人）という自己意識は稀薄であるか、まったく持っていません。日本語は話さないけれども、ウチナーグチ（琉球語）は話す沖縄系アメリカ人もいます。これらの人々の中には、日本は沖縄を植民地として支配しているという認識もあったりします。

池上　そういうことを、多くの日本人は知りません。

佐藤　ここで重要なのは、アメリカには、そういう沖縄の利益のために動くロビーが存在するということです。

ちなみに、アメリカでは、日本とドイツという二つの国のロビーだけは、政治活動をしません。言うまでもなく、第二次世界大戦の敗戦国だからです。同じ東アジアのアメリカの同盟国でありながら、韓国ロビーが活動できて日本ができないのは、そういう理由です。そして、沖縄系アメリカ人も、アメリカにおいては敗戦国という認識がありませんから、政府に対する政治的な働きかけが可能です。

そうなると、日本政府によって強行された辺野古新基地建設問題への対応などに、エスニックな琉球人の要素が入り得るでしょう。沖縄県は、そこに気付いているように思うのです。

池上　それが、デニー知事の発言などに反映している。

佐藤　そういうことではないでしょうか。具体的には、今後アメリカの沖縄系ロビーが県と連携して、「沖縄人は基地問題を含めて自己決定権を持つのだから、その議論には当事者を含めるべきだ」という主張を開始する可能性があります。そうなった場合には、バイデン政権の一部の人々が、そのようなアイデンティティー政治を支持するはずです。

池上　なるほど。沖縄県としては、「沖縄のアイデンティティー」を理解してくれる民主党政権の実現を待ち望んでいたというわけですね。

佐藤　民主主義とエスニシティが複雑に絡み合う状況が生まれている、と言えると思うのですが、そうなるきっかけをつくったのは、小泉政治です。数の論理で沖縄の民意を無視し、辺野古移設を決定したからです。さらに米軍の基地問題に関して、日本国民の支持を得ているのだから、沖縄にも従ってもらう、という方向に大きく舵を切ったのは、民主党政権時代です。辺野古移設を閣議決定したことが大きかった。

池上　それが、沖縄のアイデンティティーに火をつけた。

佐藤　民主党政権もポピュリズムを最大限に活用しました。そういう意味では、日本のポピュリズムのしわ寄せを最も大きく受けたのは、沖縄だと言ってもいいでしょう。ですから、それへの対抗運動が、日本の他の土地とは違う形で起きても不思議ではないのです。

　アイデンティティーの政治は、多くの場合「健全」なものだと思うのです。しかし、それは、分断の種にもなる。そのこともきちんと認識しておくべきでしょう。

池上　民主党バイデン政権の誕生によって、そうした可能性が生まれていることを、いの一番に考えるべきは、日本政府なのかもしれません。

佐藤　そういうことです。

小選挙区制の陥穽

池上　アテナイの時代と違って、今は選挙で選ばれた国民代表が議会で議論し、ものごとを決める間接民主主義の仕組みが採用されています。その議会制民主主義が円滑に機能するためには、民意をより正確に議席数に反映させることが重要なのは、言うまでもありません。要するに選挙制度をどうデザインするか、というところに知恵を絞ってきたわけですが、その「民意」の考え方が一様ではないところも、「最悪の政治システム」の特徴と言えるでしょう。

佐藤　選挙制度には、お国柄が如実に表れます。アメリカ大統領選挙は、さきほども話に出たように、全有権者対象の一般投票により、各州に定数が割り当てられた選挙人を選ぶ仕組みになっています。それはいいのですが、一部の州を除いて、一般投票で一票でも多く獲得した候補者がすべての選挙人を独占する「勝者総取り」方式になっている。そこが、多くの日本人には理解が難しいところかもしれません。

池上　日本の都道府県と違い、アメリカの州には、建国以来の伝統で「独立国」という意識が強い。ですから、例えば「バイデン支持がわが州の結論だ」ということになるのです。ちなみに、各州の選挙人の定員は、必ずしも人口に比例して決められているわけではありません。人口の少ない州の民意が無視されないよう、配分に気が配られているんですよ。

佐藤　あえて「一票の格差」を是認する。それも、アメリカ型民主主義というわけです。

池上　日本では、一九九四年の公職選挙法改正で衆議院選挙への小選挙区比例代表並立制の導入が決まり、九六年の総選挙から実施されました。「金がかからない選挙」「政権交代可能な制度」というのが謳い文句だったわけですが、制度疲労を起こしている現実は否めません。

そもそも小選挙区制は、ポピュリズムにつながりやすい制度だと言われています。

佐藤　選挙区の定数が多ければ、エッジの立った主張であっても、それに賛同する有権者が一定数いれば、当選圏に滑り込めるかもしれません。しかし、「一人区」では、難しいでしょう。結果的に、相対多数を得るために、できるだけ無難で有権者受けしそうな政策を掲げよう、というインセンティブが働くことになります。

池上　加えて、「ポピュリズムは五〇%プラス一票あれば総取り」という佐藤さんのお話がありましたが、小選挙区選挙ではそんなに得票率はいらないのです。野党が統一候補を立てて一騎打ちになれば話は別なのだけど、選挙区に三人、四人と立候補すると、三五～四〇%の得票で当選することができてしまうのです。残りの六五～六〇%は「死に票」。その分の民意は、議席に反映されることはありません。確かに二〇〇九年の民主党による政権交代はありましたが、小選挙区制の導入以降、各党の得票率と獲得議席数の乖離は明らかに拡大しています。

その点、佐藤さんが詳しいイスラエルは完全な比例代表制で、投票行動がストレートに政党の議席数になって現れます。

佐藤　民意は正確に反映されるのですが、その代わり「小党乱立」になって、なかなかまとまらないのです。二〇二一年三月にも総選挙が行われたばかりですが、この二年間ほどで四度目になります。

池上　二〇一九年九月に行われた総選挙では、与党リクードと最大野党「青と白」の獲得議席が拮抗し、ともに他党と連立協議を繰り返したものの、組閣に至らず、再選挙になりました。翌二〇年三月の選挙では、辛くもリクードが勝利し、ベンヤミン・ネタニヤフ氏が、引き続き首相の座に就きました。

その後、新型コロナへの対応もあって、ネタニヤフ政権は「青と白」と挙国一致の大連立を組んだのですね。ところが、再び両党トップの対立が表面化した結果、今度は予算を期限までに成立させることができず、二〇二〇年暮れに国会が解散されてしまいました。

まあ、政治的混乱の背景には、汚職事件で起訴されたネタニヤフ氏の去就も絡んでいるわけですが、少数意見もできる限り拾い上げるという民主主義を徹底すると、今度は「なかなか物事を決められない」というリスクも覚悟しなくてはなりません。

佐藤　それでもイスラエルがバラバラにならないのは、ナチスのホロコーストに抗してユダヤ人国家を建設するのだ、という建国の理念を共有しているからです。その原点は、今のところ堅持されていると言っていいでしょう。

ただし、それも実際にホロコーストを皮膚感覚で語れる世代が少なくなってくるにつれ、怪しくなりつつあるのは確かなのです。もう一世代後の時代には、今のようなイスラエルの民主主義の底が抜けるのではないかと心配する国民は、少なくありません。

池上　今イスラエルでは、「戦争を知らない子どもたち」が問題になっているんですね。驚くべきことに、なぜそこにパレスチナがあるのかを知らない若者が増えている。

佐藤　一昔前までのイスラエル人には、政策上の対立はありつつも、パレスチナ難民の境遇への同情、共感があったわけです。ナチス・ドイツに迫害された過去と照らし合わせて、他人ごととは思えない、ちょっと歴史の歯車が違っていたら、自分たちもああなっていたではないか、と。しかし、そうした「歩留まり感」が、若い世代になるほど希薄になっている。近年ときおり見せるイスラエルの強硬な姿勢が、そうしたことと無関係だとは考えられません。

コロナ対策で見えた民主主義の「地金」

池上　冒頭で新型コロナに対する日本政府の対応について論じましたが、二〇二〇年になって降って湧いたように世界中を覆った禍《わざわい》に振り回されたのは、日本だけではありません。

佐藤　私は、「コロナにどう対応したのか」によって、その国の文化、民主主義の「地金」が余すところなく晒されてしまったと思うのです。

池上　未経験の危機に〝裃《かみしも》〟を着て対応するわけにはいきませんからね。不謹慎な言い方かもしれませんが、実際にその国がどんな姿をしているのかを観察するという意味では、いい機会なのかもしれません。

佐藤　そのためには、そもそも新型コロナの危機がどういう性格のものなのかを正確に捉えておく必要があります。私は、それを「リスク以上、クライシス未満の危機」だと考えています。

日本語の「危機」には二種類あって、一つが「予見可能な不都合な出来事」、つまりリスクです。予見できるのですから、「リスク・マネジメント」という言葉があるように、事前に対策を講じることができます。例えば、季節性インフルエンザは、予防接種を受けたり手洗いを励行したりといったことで、感染リスクを下げることができます。

万が一感染した場合にも、抗ウイルス薬が準備されています。

これに対して、クライシスは「予見が困難で、生命の危険に直結する事態」を言います。もともと「分かれ道」や「峠」を意味する言葉なのです。

池上 医者に、「今夜が峠です」と宣言されるような状況。

佐藤 そうです。では、新型コロナはどうなのかというと、季節性インフルエンザのように、リスクにとどまっているとは言えません。

池上 ようやくワクチンの接種は始まりましたが、治療薬の開発にはまだ時間がかかります。マスク着用や手洗いやフィジカル・ディスタンシングの重要性が言われるのだけれど、それでどのくらいの予防になっているのかは、完全には分からない。何よりも、現実問題として各国とも第二波、第三波の感染に襲われています。予見できるのならば、そんなことにはならないはずです。

佐藤 では、クライシスなのかといえば、国によって重症化率や致死率に違いはあるのですが、かかったら最後、多くが死に至る、というような不治の病ではありません。コロナはいつか去り、人類の大半は生き残ることが確実ですから、「峠」に至ってはいないのです。しかし、どう対応するかについては、「だからこそ」の難しさがあります。

池上　それはどういうことでしょう？

佐藤　通常の「リスク対応マニュアル」は、役に立ちません。かといって、クライシスではないですから、「命あっての物種だろう」と長期に渡るロックダウンを敢行するといった分かりやすいこともやりにくい。つまり為政者は、「リスク以上、クライシス未満」の敵が出現したことによって、対策の選択肢が無数にあるような状況に突然置かれたわけです。

池上　その結果、それぞれのメッキが剝げて、「地金」が現れた。

佐藤　特に分かりやすかったのが、比較的初期の段階での対応でした。これは、戦略的にみて「明らかに失敗した国々」と、「おおむねうまく運んだ国々」の差が歴然だったと思います。

まず、失敗の代表例が、アメリカ、イギリス、イタリアといった国々です。敵を軽視したために初動を誤り、結果的に政策に大きな揺れを生んでしまいました。

トランプ前大統領は、当初「暖かくなる四月にはなくなると思う」などと発言していました。コロナはリスクだ、と認識していたわけです。ところが、国内での感染拡大が誰の目にも明らかになると、「パンデミックと呼ばれる前から、パンデミックだと感じていた」などと言い出しました。

池上　発生源とされた中国に批判の矛先を向け、WHOに対しても「中国寄りだ」と非難を浴びせ、二〇二〇年七月には一年後の脱退通告を行うところまでいきました。バイデン大統領は、これを撤回しますが。

いずれにせよ、「トランプのコロナ対策」が失敗だったことは明らか。もしコロナがなかったら、再選されたかもしれないだけに、任期の終盤で想定外の事態に見舞われたのは、トランプにとって不運でした。

イギリスのボリス・ジョンソン首相はもっと不運で、なんと自らが感染してしまい、一時はICU（集中治療室）に入りました。

佐藤　ジョンソン政権は、当初は「集団免疫」の獲得を掲げて、国民に移動制限などを課しませんでした。ところが、やはり途中で単なるリスクではなかったことに気付き、政策を転換します。イタリアは、経済の悪化を恐れて中途半端な対策にとどめていたために、被害を拡大させました。
これに対して、初動の段階で適切な対応をした結果、少なくともいったんは、ある程度の「封じ込め」に成功したのが、ドイツ、韓国、中国、台湾、そしてイスラエルといった国です。

池上　一見すると、バラバラな顔ぶれにも見えますね。

佐藤　ドイツは、前にエマニュエル・トッドの分析のところでもみたように、権威主義的なイデオロギーが生まれやすいのです。なので、対応する規律を作り、それを守った。韓国、中国、台湾に共通するのは、国民が儒教的な秩序観念を持っていることでしょう。世の中が乱れることを恐れ、やはり規律を順守するわけです。
他方、イスラエルはそれらとは異なる文脈で、強力な対策を講じました。彼らには、ナチス・ドイツの手でつくられたゲットー（ユダヤ人居住地区）の不衛生な環境の中で、多数のユダヤ人がさまざまな感染症の犠牲になった、という記憶が共有されています。そこに、結構強権的な措置を講じることができる素地がありました。

池上　日本も、相当「地金」が出たと思います。

佐藤　ただ、どちらの類型にも当てはまらないのです。日本は、法に基づく強権的な都市封鎖などを行っていません。にもかかわらず、第三波が到来するまでは、世界でも比較的「うまくいっている」国でした。

それを可能にしたのは、「同調圧力」です。行政が、その日本人独特の精神構造を最大限利用することで、ロックダウンと同等の効果を発揮したわけです。

池上　「勝負の三週間」とか「静かな年末年始」とかのスローガンは、他国の人からするとおまじないのように聞こえたでしょう。

佐藤　もう一つ、類型に当てはまらないのが、スウェーデンです。

池上　スウェーデンは、イギリスが途中でやめた「集団免疫戦略」でした。

佐藤　他の欧米各国などのような移動制限などを行わないということは、彼らが新型コロナを一貫してリスクの範囲とみなしていたことを意味します。では、この場合の「リスク」とは何でしょう？　この病気は、高齢者の死亡率が高いことを誰もが知っています。裏を返すと、スウェーデンという福祉国家を支えている生産人口の死亡率は高くないのです。高齢者のリスクを認識しつつ、生産人口は維持して経済を回すという政策は、

「ソフトな優生思想」と言ってもいいでしょう。コロナ対策に関しては、それが「スウェーデンの民主主義」だったことになります。

池上　対策が成功したのかどうかは、そういう判断の是非も含めて検証されるべきでしょう。

コロナを語るトッドとハラリ

佐藤　新型コロナが人類の未来にどんな影響を与えるか、知識人と言われる人たちもいろいろな考えを披歴しています。

池上　「コロナ後の社会には、それ以前とは違う世界が広がっているはずだ」といった、茫漠としたものも多いのですが。

佐藤　そのあたりも、今の「リスクか、クライシスか」という視点で切り分けてみると、我々にとって有用なメッセージが浮かび上がってくるように思うのです。私が見る限り、知識人は、コロナ禍をリスクと捉えるタイプと、クライシスと考えるタイプに二分されます。中でも、考察に値するそれぞれの代表を一人ずつ取り上げてみたいのですが。

池上 面白そうですね。では、リスク派の代表は？

佐藤 何度か話に出た、フランスの人口学者、歴史学者のエマニュエル・トッドです。彼は、朝日新聞のインタビューで、「（新型コロナは）かつてのスペイン風邪やペストと比較する議論も出ています」という記者の問いに対して、こう答えています。

そこまで深刻にとらえるべきではないと考えています。これもフランスの事例ですが、かつてエイズウイルス（ＨＩＶ）の感染が広がったとき、20年間で約４万人がなくなりました。しかも若い人の割合が大きかった。今回のコロナの犠牲者は高齢者に集中しています。社会構造を決定づける人口動態に新しい変化をもたらすものではありません。何か新しいことが起きたのではなく、すでに起きていた変化がより劇的に表れていると考えるべきでしょう。

（「コロナで不平等が加速する」『朝日新聞デジタル』二〇二〇年五月二十日）

池上　コロナの致死率が高い高齢者は遠からず死ぬ存在なのだから、犠牲になっても人口動態に変化は与えない。人口学者らしい、ドライな見立てです。

佐藤　集団免疫政策のスウェーデンの考え方に通じるものです。

他方、クライシスと捉える代表者が、世界で累計一〇〇〇万冊以上を売り上げた『サピエンス全史』（柴田裕之訳、河出書房新社、二〇一六年）、『ホモ・デウス』（同、同、二〇一八年）の著者であるイスラエルの歴史学者、ユヴァル・ノア・ハラリです。池上さんは、インタビューしたことがありますよね。

池上　NHKのBSの番組で、『ホモ・デウス』の前に書かれた『サピエンス全史』について聞きました。あれも、目から鱗というような表現では足りない、衝撃の書です。

佐藤　そのハラリは、コロナ禍について、次のような認識を示しています。

人類は今、グローバルな危機に直面している。それはことによると、私たちの世代にとって最大の危機かもしれない。今後数週間に人々や政府が下す決定は、今後何年にもわたって世の中が進む方向を定めるだろう。医療制度だけでなく、経済や政治や文化の行方をも決めることになる。私たちは迅速かつ決然と振る舞わなければならない。

（「新型コロナウイルス後の世界――この嵐もやがて去る。だが、今行なう選択が、長年に及ぶ変化を私たちの生活にもたらしうる」『フィナンシャル・タイムズ』二〇二〇年三月二十日）

さきほどのトッドの見通しとは、かなり違います。

池上　確かに、ハラリの言う「危機」は、リスクの範疇の話ではありませんね。

佐藤　ただ、注目すべきは、二人の考えには共通点もあるということです。すなわち、予期せぬコロナ禍によって、現代の人類が抱えていたさまざまな問題が増幅された、という分析で、両者は一致するのです。

池上　トッドは、「すでに起きていた変化がより劇的に表れている」と述べています。彼とて、人口動態に影響しないから何もしなくてＯＫ、と言っているわけではありません。

佐藤　そうです。トッドが指摘する問題は、グローバル資本主義、それを牽引してきた英米型の新自由主義の弊害です。新型コロナで増幅されるのは、それに伴う格差の拡大なのです。

池上　アメリカなどでは、明らかに貧富の差によって感染リスクや死亡率が違っています。それが可視化されることで、さらに分断の根が深くなっていく。

佐藤　その上で、トッドは、自由主義的な政府よりも規制重視の国家の方が事態に適切に対処している、と評価を下します。よって、グローバル化を見直し、各国が行政権力を強化して国民経済を守るべき、というのが有力な方策になるわけです。

一方のハラリは、さきほどの記事で、次のように問題提起します。

この危機に臨んで、私たちは2つのとりわけ重要な選択を迫られている。第1の選択は、全体主義的監視か、それとも国民の権利拡大か、というもの。第2の選択は、ナショナリズムに基づく孤立か、それともグローバルな団結か、というものだ。（同）

つまり、コロナにより、データによる監視社会化、グローバルな連帯の欠如が増幅された。世界は、それを乗り越える選択をすべきだ、という主張です。

池上　「グローバルな連帯」というのは、例えば新型コロナの治療に関する情報共有や技術面の協力などを、国の枠を超えて行うということですね。確かに、感染拡大から一年が経過したのに、有効な協力体制は築けていません。現状では、第一の選択も第二の選択も、ハラリの期待とは反対の方向に流れているようにも思えます。

ともあれ、それを是とするか非とみるのかは逆ですが、コロナ後は「行政権の拡大」がポイントだと指摘しているという点でも、二人は一致していますね。

佐藤　そうなのです。そういう今の二人の知識人の問題提起も参考にしつつ、コロナ禍の時代、そしてその先の民主主義に果たして処方箋はあるのか、さらに話を進めていきたいと思うのです。

第6章
忍び寄る全体主義
処方箋はあるか

自由と民主主義は、時に相反する

池上　さきほども触れたように、トランプ前大統領の露骨な「アメリカ・ファースト」、それに真っ向から対抗しつつ推進される中国・習近平政権の強権政治、イギリスのブレグジット、ロシア・プーチン大統領の相変わらずの独裁政治などに代表されるように、この間世界は、そうでなくても連帯から分断、独裁の方向に歩みを進めつつありました。そこに降って湧いたような新型コロナの感染拡大で、トッドやハラリが指摘するごとく、各国はさらにそれぞれの行政権力を強化、拡大させることになりそうです。

佐藤　結果的に「自由主義的」に振る舞った英米などで感染は大きく拡大し、強権的、権威主義的に対応した国々では、対策がそれなりの効果を上げたことが、誰の目にも明らかになってしまいましたから。これ以上の感染爆発を防ぐための国家機能の強化は、必然の流れだと思います。

ただし、池上さんがおっしゃるように、世界の独裁的、全体主義的潮流は、コロナ以前から顕著になっていたことを思い出す必要があります。それを踏まえた上で、ハラリの提起する「全体主義的監視か、それとも国民の権利拡大か」という問題の答えを探していく必要があるでしょう。

その際、ポイントになる論点の一つが、コロナ対策でも厳しく問われた「自由」と「民主主義」の関係だと思うのです。

池上　「自由民主党」のように、普段気にせず使っているけれど、実はこの二つの概念は、簡単に「同居」できるものではありません。

佐藤　民主主義社会の前提に自由がなければならないのは、当然です。自由主義を貫く限り、独裁も生まれにくい。しかし、例えば何でもありの経済活動を許したりすれば、世の中は乱れ、格差も拡大することになるでしょう。そうならないためには、適切な規制という民主主義のグリップを効かせて、あるべき平等を確保しなくてはなりません。「自由」と、民主主義との親和性が高い「平等」とは、一方を貫こうとするともう一方が損なわれるという、むしろ対立関係に置かれているわけです。

池上　その調整をどうつけていくのかというのが、民主主義国家における政治の役割と言ってもいいでしょう。

佐藤　調整をシステマチックに行うのは困難です。不可欠なのは、フランス革命の理念に謳われた「友愛」の考え方だと思うのです。

池上　「自由、平等、友愛」。「友愛」は、「博愛」「同胞愛」などとも訳されます。

佐藤　それが、両者のバランスを取る上で、重要な機能を果たしているわけです。

池上　対立的な理念の実現を支えるのが、そういう崇高な精神なのだというのは、実は重要なところだと感じます。前に紹介した戦後の文部省の教科書が、「民主主義とは単なる政治上の制度」ではない「民主主義の根本は、精神的な態度にほかならない」と指摘していたことに、通じるものがありますね。

佐藤　そういう視点からアメリカやイギリスを見ると、あらためて危機の深刻さを思わずにはいられないのです。社会の分断が進行した結果、自由と平等をつなぐはずの友愛は、大きく棄損されてしまいました。ですから、大統領が入れ替わっても、アメリカ民主主義の修復は、困難を極める可能性が高いわけです。

そして、そうやって自由民主主義国家の混乱が続く中、それを横目に、全体主義的な国家が相対的に存在感を高めていく。その可能性は、小さくないと思います。

全体主義を孕む民主主義

池上　存在感を高めている代表格が、言わずと知れた中国です。ＩＴを駆使することで、あっという間に「全体主義的監視」を確立してしまいました。

佐藤　民間に比べて行政の意思決定は遅いと言われますが、それは民主的な手続きに従っていることの裏返しでもあります。しかし、行政官僚も、民主的な手続きなど、できれば省きたい。ＩＴで効率的な統治ができるのであれば、ウェルカムなのです。そういう意味で、情報技術は全体主義と親和性が高いと言えます。

池上　もちろん、行政にも効率化が求められる部分が多々あるでしょう。ただ、そのドサクサで民主主義が疎かにされるような事態は、避けなくてはなりません。「ハンコ廃止」もデジタル庁に関しても、そういう観点からの議論はほとんど聞かれないのですが。

いずれにしても、世界中で強まる全体主義的な傾向は構造的なもので、今のコロナ禍が過ぎ去った後も止むことはなさそうです。当然、日本もそういう危険性の圏外に置かれるものではないでしょう。

佐藤　これだけ「おかしなこと」が起こっているのに、多くの人が疑問も持たずにスルーしてしまうような現実があります。一方で、コロナ禍で再認識された日本社会の「同調圧力」は、何かのきっかけで「翼賛政治」を出現させる要因となるかもしれません。

くどいようですが、私は危機を煽っているつもりはないのです。もう一度、戦後すぐに出された今中次麿の『民主主義』を思い出してもらいたいのですが、彼は「ソ連やナチスの民主主義」も論じていました。

池上　まだ、アメリカ型民主主義の考え方が広く紹介される前だったために、「ごった煮」の民主主義を語ることができた。

佐藤　ある意味、先入観を持たずに自由で正確な考察ができたと思うのです。その結果、今中は、ソ連もナチスもタイプこそ異なるものの、専制的な要素と民主的な要素が融合していると述べています。つまり、民意を反映させる仕組み自体は備えていたのだ、と。

池上　確かに、国民に銃口を向けて言うことを聞かせたわけではないですね。

佐藤　初期のナチス・ドイツの理論家、カール・シュミットは、国民が一人の指導者に権力を委任する場合も、民主主義原理は担保されている、すなわち民主主義と独裁は矛盾しないと説きました。

例えば、国民から一〇〇人を集めて議会を作った。それを九九人にしたら本質が変わるかといえば、そんなことはない。では、九八人にしたらどうか？　その操作を続けて五〇人にしたら、一〇にしたら、最終的に一人にしたら？　民意を代表するということさえ担保されているならば、一人が全体を代表してもかまわないという形での独裁が、民主主義制度の下においては成立することになるのです。

要するに、民意が選択した全体主義であるならば、それは民主主義国家である。理屈は通っているでしょう（笑）。何を言いたいのかというと、民主主義は「多数で物事を決める」という仕組みゆえに、一見それと矛盾する全体主義をも生み出す可能性を孕んだ思想なのだ、ということです。

池上　事実、そのようにしてたくさんの全体主義、専制主義の国家ができたのは、歴史の教えるところです。そして、民意をバックにした全体主義ほど、厄介なものもありません。

民主主義を「勝ち取った」沖縄から学ぶこと

佐藤　さらに言えば、自由民主主義の民主はもとより、民主社会主義も、社会民主主義も、人民民主主義も「民主」を冠しています。公明党は仏教民主主義と言いました。ある意味、民主主義を否定する思想はないのです。

池上　内実はともかく、現代の社会で頭からそれを否定したら、統治は難しい。外からの批判も避けられません。

佐藤　だから、今おっしゃった「民主主義の内実」についてよく検討してみないと、その国の政治や社会の構造の本当のところは分からない。

池上　「自由民主主義国」であるはずの日本も、やはり例外ではないでしょう。

佐藤　そうした内実を問い直す時に大事になるのは、一度原点に返ってみることです。その意味では、すでにみたように、民主主義について熱く語られていた敗戦直後の議論を顧みることには、大きな意味があります。

私は、もう一点、原点に返るという意味で、さきほども話に出した沖縄を正面から見つめてみることが重要だと思っているんですよ。あくまでも、沖縄人以外の日本人にとっては、なのですが。

池上　多くの人には、もう沖縄は日本の一部という感覚しかないかもしれませんが、その施政権が日本に返還され、本土復帰を果たしたのは、一九七二年のことです。戦争が終わっても四半世紀ほど、アメリカの統治下にあったわけですね。佐藤さんは、お母さんが沖縄ご出身のこともあって、そういうウチナーンチュ（沖縄人）のアイデンティティーを皮膚感覚で理解できる。

佐藤　民主主義に対する意識の違いが顕著に表れるのは、日本国憲法に対する捉え方なのです。アメリカの統治下においては、軍人などによる人権無視の行為が日常茶飯事でした。アメリカ占領軍の胸先三寸で物事が決められ、法の支配からも基本的な人権からも、沖縄の人々は埒外に置かれていました。

池上　今でも時々事件が起こりますが、その比ではなかったでしょう。

佐藤　そうです。問題が起きても、日本の裁判に訴えることもできなかったわけですから。
　実際、本土復帰運動の主眼は、そうしたひどい状態を是正するところにありました。本土復帰によって日本国憲法が適用されるようになったことで、ようやく「アメリカのやりたい放題」からは解放されることになりました。ですから、沖縄の人たちにとって、現行憲法は、復帰によって勝ち取ったものなのです。勝ち取った憲法であり、それによって勝ち取った民主主義だから、憲法観がぜんぜん違う。

池上　なるほど。民主主義にしろ新憲法にしろ、終戦後になんとなく「与えられた」、ましてや「押し付けられた」という「本土」の日本人の意識とは、まったく別ものだというわけですね。

佐藤　その通りです。

池上　そうした沖縄の歴史や、そこに住む人たちの憲法観からは、今我々日本人が手にしている基本的人権がどういう意味を持つものなのか、いかに尊いものなのかを学べるように思います。そこを「原点」として確認しておくことには、確かに大きな意義がありますね。

佐藤　前知事の翁長雄志さんが那覇市長時代に庁舎を訪れたら、市長室に憲法九条の条文が掲げられていたのを思い出します。当時の翁長さんは自民党ですからね。トップが保守、革新であるを問わず、それはずっと外されずにいたわけです。

池上　ただし、本土復帰で沖縄が期待したようには、米軍基地の削減は進みませんでした。普天間移転にも見られるような基地の固定化、それに伴う中央との軋轢も生じています。

佐藤　ここからは「沖縄の民主主義」になるのですが、そうした状況を背景に、逆に沖縄から本格的な「改憲論」が出てくる可能性が否定できない、と私は感じています。沖縄人にとっては、自分たちで勝ち取ったものですから、逆に条文を金科玉条のようにして守るということではなくて、我々にとってどういう形が望ましいのか、一度草の根から議論してみようではないか、という機運が醸成されやすい。

池上　そこも「タブー感」のある本土とは違うというわけですね。でも、憲法改正が具体的に議論されるとしたら、どんな点がテーマになるのでしょう？

佐藤　例えば連邦制です。憲法を改正して、沖縄と日本は対等の権利を持つ連邦となる。

その上で、外交安全保障上の問題については、拒否権を持つ。

突飛な話に聞こえるかもしれませんが、沖縄には実際に「独立論」が存在します。沖縄に在日米軍基地の過重負担を押し付ける現状が長引くうちに、何かのきっかけでそうした議論が熱を帯びる可能性は、十分あると思います。

池上　さきほどのアメリカでの沖縄系のロビー活動の話なども考え合わせると、沖縄の民主主義がどのような方向に動いていくのかは、きちんと見守る必要がありそうです。

佐藤　沖縄には、その苦難の歴史もあって、いい意味でも悪い意味でも、民主主義が根付いています。「悪い意味でも」というのは、民主主義が根付いているからこそ、その変種として、さきほど論じたような「下から上がってくるファシズム」の危険性もあるわけです。沖縄の論理に基づく同調圧力が強まり、「外を排除する」という形になると、全体主義的なものに覆われる可能性は否定できません。

一方、勝ち取ったとは言い難い本土の民主主義は、沖縄に比べると不徹底です。ただ、政治学者の片山杜秀氏が『未完のファシズム』（新潮選書、二〇一二年）で述べているように、〝司司の長〟はいるけれど、それらも含めて天皇が束ねているという形になるため、その権威を乗り越える権力が出てきにくかった。安倍さんに権威がつき始めていたのではないかという話をしましたが、だからといって、何年やっても大統領的な存在にはなり得なかったはずです。

池上　批判する人間のSNSを炎上させるような熱烈な応援団はいたけれど、確かに広がりという点では、いまひとつでしたから。

佐藤　しかし、沖縄の場合には、例えば本土復帰前の琉球政府の行政主席で復帰後も沖縄県知事を二期務めた屋良朝苗《やらちょうびょう》さんとか、元自民党所属でありながら、普天間移設反対を掲げて共産党を含む野党の支持で知事選に勝利した翁長雄志さんとかが出てくると、なんとなく大統領的になっていく。そういう状況は、一歩間違えるとファシズムになる可能性も孕むわけです。

池上　確かに二人とも、日本の歴代総理大臣とはちょっと違うカリスマ性を感じますね。

佐藤　余談ながら、沖縄の「特殊性」を理解していただくために付け加えておくと、新聞というものの占める位置が、本土とは全然違うのです。『沖縄タイムス』と『琉球新報』で一五万部ずつシェアしているのですが、実は職場とか喫茶店とかでみんな交換して読んでいる。その沖縄の新聞は、文化面が厚いし、レベル的にも読み応えがあります。なぜかというと、沖縄には総合雑誌がないからです。だから、その機能を新聞の文化面が果たしているわけです。

池上　『文藝春秋』も『中央公論』も売れていない。(笑)

佐藤　沖縄からすると、それらは「外国の雑誌」なんですよ。『世界』も、過剰に沖縄の立場に迎合しているようで、あまり面白くない(笑)。もっと沖縄のリアルを論評するためには、自前でやるしかない、ということになっているわけです。

メルケルが語ったこと

池上　民主主義の原点は、コロナ禍で「地金」が現れた現在進行形の政治からも、見出すことができるかもしれません。さきほどの「相反する自由と民主主義」の話とも絡んで、一つ参考になると思われるのが、国民に向けて行動制限を訴えたドイツのアンゲラ・メルケル首相の演説です。

彼女は、再びコロナ患者が増加し始めた二〇二〇年十二月、クリスマスシーズンにおける行動自粛を、珍しく身振り手振りを交えて呼びかけて、世界の注目を集めました。

佐藤　間の悪いことに、その数日後に菅総理が、「ニコニコ動画」に「ガースーです」と登場して、彼我の違いが可視化されてしまいました。

池上　あのメルケル演説も迫力があったのですが、第一波に襲われた二〇二〇年三月に事実上のロックダウン（都市封鎖）に入るに当たって行われたテレビ演説も、非常に感動的なものでした。なぜ移動制限などが必要なのかを物理学者らしく理路整然と語ったのですが、とりわけ響いたのは、次のくだりです。

次の点はしかしぜひお伝えしたい。こうした制約は、渡航や移動の自由が苦難の末に勝ち取られた権利であるという経験をしてきた私のような人間にとり、絶対的な必要性がなければ正当化し得ないものなのです。民主主義においては、決して安易に決めてはならず、決めるのであればあくまでも一時的なものにとどめるべきです。しかし今は、命を救うためには避けられないことなのです。

ちなみに、「私のような人間」というのは、幼い時に両親に連れられて当時の東ドイツに移住したため、不自由な生活を余儀なくされたことを表現したものです。ドイツ国民は、みんなその意味が分かるわけですね。だから、首相の語ることが、さらに説得力を持った。

佐藤　前にも述べたように、ドイツはその後感染者数を減らすことに成功し、いったんはロックダウンも解除されました。国民が行動の制限を受け入れる上で、この演説は間違いなく大きな意味があったと思います。

池上　ここで彼女は、自由に対する制約は、「一時的なものにとどめる必要がある」ということを、民主主義という観点から述べるわけですね。活動の自粛が経済活動との天秤で語られることに慣れてしまった身からすると、とても新鮮に聞こえるのですが、実は極めて重要で本質的なことを国民に向けて発信しているのです。

佐藤　同感です。

池上　加えて着目すべきは、演説が、「開かれた民主主義のもとでは、政治において下される決定の透明性を確保し、説明を尽くすことが必要です。私たちの取組について、できるだけ説得力ある形でその根拠を説明し、発信し、理解してもらえるようにするのです」という前置きで始まっていることです。最後も、「新たな手段をとる場合には、その都度説明を行っていきます」「我が国は民主主義国家です。私たちの活力の源は強制ではなく、知識の共有と参加です」という形で締めくくっている。くどいくらい、政府に説明責任があることを示しつつ、国民に協力を呼び掛けているわけです。

佐藤　内部の議論をブラックボックス化させないという決意表明ですね。それにしても、何度も「民主主義」が出てきます。日本のコロナ対策では、ついぞ聞かれない言葉ですが。

池上　今のドイツが、理想と仰ぐべき民主主義国家だと言いたいのではありません。コロナ対策も、結局第二波、第三波に襲われるという結果を招いています。しかし、このメルケル演説には、「これが民主主義の実践だ」というエッセンスが凝縮されているように感じるわけです。

まあ、これだけ民主主義を強調するところにも、ドイツの過去の歴史や、極右政党の台頭といった国内の政治動向が投影されているのかもしれません。そうしたことも含めて、やはり学ぶものが多いのではないでしょうか。

民主主義の防波堤としての「中間団体」の役割

佐藤　全体主義を押しとどめ、民主主義を守るためには、いろいろな意味で社会が多様性を持っていることが大事なのは、言うまでもないでしょう。

池上　多様性を持てば持つほど、物事を決めるのは大変になりますが、一気に全体主義に流れようとした時には、防波堤がいくつも築かれていることになるはずです。

佐藤　あまり論じられることがないのですが、その点で重要な役割を果たしている存在として、私は「中間団体」を取り上げておきたいのです。国家でもなければ私的な結社でもなく、「生活」や「生き方」を基盤にして、自分たちの独自の掟によって結び付いている集団、と定義すればいいでしょうか。例えば農協、医師会、労働組合などの利益集団、宗教団体などもそこに含まれます。

池上　そうした組織は、自分自身で政権を取ろうとするわけではないけれど、政治には陰に日向に影響を与えます。彼らには、それぞれ「譲れないもの」があるから、「全体に従え」という風潮にはなびきにくいのは確かです。

佐藤　ですから、ポピュリズムと非常に相性が悪い（笑）。中間団体の集団的利益は、ポピュリズムと真っ向から対立しますから、それを防ぐ実効的な力を秘めていると言えます。

反対にポピュリストから見ると、中間団体は既得権益集団そのものになる。だから、これを解体しようと躍起になるのが、ポピュリズムの特徴です。

池上　小泉さんは、「聖域なき構造改革」をスローガンに、ある種中間団体的な郵便局を「解体」しましたね。

佐藤　「ここには立ち入るな」という発想の中間団体が大きくなり過ぎると、社会は非効率になります。しかし、逆にこれらが解消されてしまうと、持っていた利益が新自由主義的な競争原理に吸収されるとともに、政治はさらなる成果を求めてどんどんポピュリズムになっていくのです。

ところで、そういう中間団体の中でも、私が特に注目するのが、創価学会なのです。二〇二〇年は、『池田大作研究』（朝日新聞出版、二〇二〇年）という本を上梓しました。

池上　客観的に分析するのではなく、主観的にその内在理論を探ってみたいとおっしゃっていましたね。

佐藤　「巨大宗教団体に肩入れするのか」という類の批判も覚悟でそういう本を書いたのは、私なりの戦いでもあるのです。創価学会は、そのＤＮＡにおいて、国家と一体化し得ないものを持った中間団体です。そして、公明党が自民党と二〇年近く連立政権を組む中で、現実の政治に影響を与えている。

第1章で、安倍さんが、辞任会見で集団的自衛権の容認という「成果」を語らなかった、という話をしました。審議の過程で、その行使に際して〝縛り〟がかけられてしまったことが原因なのですが、その〝縛り〟をかけたのが、ほかならぬ公明党でした。

池上　当時、山口那津男代表は、「個別的自衛権に匹敵するような事態にのみ発動されるとの憲法上の歯止めをかけた」と、逆に「成果」を誇っていましたね。

佐藤　二〇一九年の消費税率引き上げの際の軽減税率の導入でも、新型コロナ対策の特別定額給付金一律一〇万円給付でも、公明党が大きな影響力を行使したわけです。つまり、自民党の「独裁」を許していない。例えば、敵地攻撃能力保持のような政策を阻止するとしたら、少なくとも現状においては、他に現実的な勢力が見当たらないのではないでしょうか。

当然のことながら、公明党の政策には、創価学会の価値観が反映しています。ならば、その価値観とは、いったいどういうものなのかを明らかにしておくことは、今後の日本の民主主義を考える上でも重要だろうと考えたのです。

池上　中間団体としての宗教という切り口で見ると、伝統的な仏教も重要なポジションにあると思います。

佐藤　日本の仏教は、江戸時代の檀家制度の創設により、寺が行政機関の一部のようになってしまったところがあります。そこをどう克服していくのかという難しさはありますよね。

池上　ただ、仏教の教義が魅力を失ったのかと言えば、そんなことはありません。あのオウム真理教の事件が起きたときに、なぜオウムがあんなに若者の心を摑むことができたのか不思議に思って、彼らの教義を勉強してみたんですよ。その結果分かったのは、彼らはオウムというより、その中に潜り込まされていた原始仏教の教えに魅了されていたのだ、ということです。

佐藤　出家するというスタイルを含めて、あの人たちがいうところの仏教を基本とした生活を送るというのも、現実の世界に疑問を感じていた若者たちにとっては、魅力的に映ったのでしょう。

池上　そういうこともあって、オウム以降、いわゆる伝統的な日本の寺は何をしていたんだ、という反省が、ずっとあるわけですね。お寺のあり方、存在意義があらためて問われているのです。

ですから、今の話にリンクさせるならば、仏教のお寺を日本の民主主義の維持に貢献できるような中間団体として復興していくということも、大きな意味を持っているのではないでしょうか。

佐藤　そう思います。

池上　もちろん仏教に限りません。キリスト教にも、平和主義を貫いて、弾圧を受けながらも戦ってきた教会が日本にはあるわけだし、他にも中間団体となり得る宗教があまたあるはずです。

やはり宗教は重要で、一九世紀のフランスの政治思想家、アレクシ・ド・トクヴィルが『アメリカの民主主義』で書いたように、アメリカでは、キリスト教の教会が重要な中間団体の役割を果たしています。

佐藤　「政教分離の国」フランスの思想家にとって、宗教と政治が固く結びつきながら民主主義を実現しているアメリカは、驚き以外の何ものでもなかった。

池上　しかも、それこそ多様性に富んでいて、トランプの支持基盤になった福音派もいれば、プロテスタントの主流派もバイデンが属するカトリックもいる。あるいは、黒人ばかりがいる黒人教会とか、モルモン教の教会もあるわけです。そういう多種多様な教会が、アメリカの民主主義をある種支えているところは、確かにあるでしょう。

ところが、トランプ政治による分断で、そうした教会のスタンスにも変化が生じているのかもしれません。そういう側面からも、アメリカの危機の深刻さが見て取れると思うのです。

佐藤　あえて言えば、日本学術会議も国の機関ですが、中間団体的な存在です。

池上　だから、「既得権益」を攻撃された。

佐藤　さらに大学も、そういう立ち位置にあるはずです。学問の自由を守る最後の砦は、それぞれの大学なのです。各大学は、自分の大学の先生が任命拒否のような不当な目に遭わされたならば、その人を全力で守らなければいけない。今の大学に、それをやり切れる腹があるでしょうか。疑問に思っています。

「忍耐」と「戦い」が必要だ

池上　「リスク」から「クライシス」の様相を帯びている民主主義。その状況を踏まえて、民主主義を守るためには何が必要なのか、最後に思うところを語り合っておきたいと思います。

ジョー・バイデンが大統領選の開票作業のさ中、なかなか当確が打たれない段階で、支持者に対して「ペイシェンス、ペイシェンス」と繰り返していましたよね。私は、民主主義を守るために今何が必要かと言えば、まさに「忍耐」ではないかと思うのです。膨大な票を最後の一票まで数えなければならないのは、面倒臭い。けれども、民主主義はそういうものだとある意味開き直って、それを守っていく覚悟こそが大切なのだということを、まざまざと見せつけたシーンに、私の目には映りました。

佐藤　日本人の感覚からすると、どうして結果を出すのにそんなに日にちがかかるのだ、ということになるのだけれど、民主主義という観点から見たら、なんら異常な光景ではない。

池上　そういうことです。戦後民主主義の中で育った私たちは、小学生の頃から、とにかく、みんなで話し合って決めましょう。決まらなかったら多数決です。多数決で勝ったほうの考えに従いましょう――というのが民主主義で、とにかく素晴らしいものだと教えられ、そう信じ込んできたのだけれど、実はとても面倒臭くて忍耐が必要なものなのです。「私はこうする」という人間についていったほうが、楽に決まっていますよ。

佐藤　私が尊敬する芥川賞作家の大城立裕《おおしろたつひろ》さんは、『普天間よ』『辺野古遠望』などの作品で、まさに「我慢すること」を描いているのです。私は亡くなった大城さんとメールのやり取りをしていたのですが、基地問題については、沖縄の負担軽減について聞く耳を持たない日本政府と「我慢しながら闘う方法を考えなくてはいけない」という言葉が、非常に強く印象に残っています。これこそが民主主義で、なにか敵を打ち負かして「ああ、気持ちが良かった」という感じになってはいけないのだ、ということをあらためて教えられた気がしました。

池上　理不尽とも言える状況の下での言葉だから、説得力があります。同時に、「闘うこと」というのも、真情が溢れた言葉です。民主主義は平和を実現する手段でもあるのですが、それを勝ち取ったり守ったりというのは、大変な戦いなのです。

佐藤　我慢という点で言えば、民主主義は、正当な「手続き」によって担保されているのだ、ということも忘れるわけにはいきません。

池上　だからこそ、アメリカは、大統領選の開票にあれだけの時間とエネルギーを費やしました。

佐藤　民主主義の手続きは、単なる段取りではないのです。そこに論理的整合性が求められるのは、当然でしょう。

かつて、東京都の副知事時代に、尖閣諸島を購入するために募金を呼び掛けた作家もいました。沖縄県の島をなぜ東京都が購入しようとしたのでしょうか。筋が通りません。

池上　後に都知事になったけれど、医療法人からの資金提供が明るみに出て辞任した方ですね。

佐藤　みんながそうした一つひとつの「おかしさ」をスルーしていると、いつか民主主義の底が抜けかねないことは、肝に銘じるべきだと思うのです。

池上　目の前の出来事に、慣れてしまってはいけない。

民主主義に命を吹き込む「ストーリー」

佐藤　私は、民主主義を守るために今必要なのは、これ以上社会の分断を深めないこと、少しずつそれを取り除いていくことだと感じます。いきなり社会の分断をなくそうと言っても絵空事にしかなりませんから、まずは個人レベルで冷静に話し合える環境を整えることだと思うのです。

その前提として必要になるのは、ネットワークです。ここで言うネットワークは、「利害関係にとらわれない直接的な人間関係」と理解してください。

池上 ネット上での匿名のやり取りや、ビジネス上の結び付きとは違う、家族や友人との関係ということですね。

佐藤 なおかつ、濃密な人間関係である必要はないのです。むしろ濃すぎると、同質性が高いために内輪で固まり、ますます他の考え方を持つ人たちとの距離が広がる危険性もあります。理想的なのは、内なる思い込みや偏見があった場合には、それを正してくれる人が何人もいるようなネットワークなのです。

池上 そのつながりを生かすためには、虚心坦懐に相手の意見を聞く姿勢を持つことが、重要なポイントになりそうです。

佐藤 そうです。論議になった場合にも、「結論ありき」のポジショントークをしないで、できるだけ相手の立場を理解しながら率直に聞き、話す。そして折り合いをつけていく、という双方の努力が大事になるわけです。

誰かに「こうすべき」と言っているだけでは不十分だと思いますから、自分たちの仕事に引き寄せた上で、さらに述べてみたいと思います。池上さんも私も、「話し合って折り合いをつける」だけでは不十分で、世の中に対して発信をしていかなくてはなりません。

池上　なおかつ、その内容に価値がないと思われたら、仕事を失います。（笑）

佐藤　そこには、戦略もあります。例えば、雑誌であれば媒体のカラー、読者層なども考慮しながら、さまざまなリスクも負って語るわけです。ただし、その場合に重要になるのは、社会に影響を与えるためには、ある〝閾値〟の範囲で勝負する必要があるということです。その外側に出てしまうと、いくらでも格好いいことは言えるかもしれないけれど、現実を動かすような力にはなりません。

池上　見え見えのポジショントークは、簡単にそれと見破られてしまいますから。

佐藤　そうなのです。実は、その閾値の範囲がだんだん狭まってきている、つまり語れる幅が縮まっている感覚が私にはあって、それも民主主義にとって由々しき状況だとは思うのですが。

池上　それは私も感じます。

佐藤　ともあれ、そういう閾値を最大限に生かして活躍しているのが、池上彰というジャーナリストです。「私は物事を分かりやすくお話ししています。このように、いろいろな見方があるのです」というのが、池上解説の基本的なスタンスなのですが、例えば政治的なテーマであれば、五度から一五度くらい「角度」がついているわけです。

池上　一般論で言えば、何が「公平中立」で「公正」なのかは、受け取る人によって違うでしょう。禅問答みたいで恐縮ですが。（笑）

佐藤　池上解説の角度は、右であれ左であれ、全体主義、ファッショの方向とは一線を画すために設定されているというのが、私の理解です。全体主義を標榜する人たちにとって、その角度は「偏向」ということになるのかもしれませんが。そして、私も基本的なベクトルは一致すると認識しています。

池上　私を引き合いに出して、佐藤優の角度を語りましたね。（笑）

佐藤　例えば、日本学術会議の任命拒否問題について、有識者が橋を架けるのは政府・官僚の側か、学術会議の側なのか？　全体主義の流れを許さないという立場に立つのならば、当然アカデミズムの側に橋を架けなくてはなりません。かつて公権力の中にいた人間としても、今回の日本学術会議の人事に対する政府の対応はよくない、という個人的な思いもあります。ただ、学術会議自体の発言も、池上さんが紹介されたイタリア学会をはじめとする各種団体の声明などにしても、現実にはそれぞれの組織の利益を反映したポジショントークになってしまっているわけです。

池上　閾値を超えている。

佐藤　そうです。それぞれの立場がありますから、仕方のないことではあるのですが、アカデミズムの論理が、それだけでは通じにくくなっている。だからこそ、ああいう事態が発生した時に、いったん状況をクールダウンして、問題点を整理して指し示すのが、論壇やメディアの最も重要な役割ではないかと思っているのです。

池上　ずっと、「民主主義が危機にあることを認識して、それを守っていく」という方向で話をしてきましたが、そこには「展望」も必要だと感じます。私は、さきほど佐藤さんが説明されたイスラエルの話が、とても示唆に富んでいると感じるのです。ある意味、完璧な民主主義のシステムを稼働させた結果、ともすると四方八方に分裂しかねない世論、民意を、「建国の理念」という大きな物語で包み込むことによって、つなぎとめているわけですね。日本の民主主義に命を吹き込むのも、そうした「ストーリー」なのかもしれません。

佐藤　そもそも民主主義社会においては、性別、職業、学歴、その他もろもろの属性に関わりなく、みんなが「一票」を持ちます。それは平等の実現なのだけれど、一人ひとりが〝アトム〟（原子）になるということでもあるわけです。そういう存在をまとめていくためには、アメリカやイスラエルとは違う、日本の民主主義にとって必要なストーリーを模索していく必要があると、私も思います。

池上　目先の、と言うと語弊があるかもしれませんが、国土の防衛とか経済の再生とかを超えたもの。むろん、人々を扇動するようなものであってはならない、という大前提があるのですが。

佐藤　いずれにしても、民主主義の底割れを阻止するものも、民主主義の中にしかない。それだけは確かでしょう。

池上　我々も、面倒臭い作業を続けていくしかありません。

あとがき

本書では、太平洋戦争後、日本が取り入れた民主主義がコロナ禍によってどう変化し、その行き着くところがどうなるかについて、ジャーナリストの池上彰氏と率直に話し合った。あとがきでは、本書を貫く私の問題意識について記しておく。

コロナ禍によって二つの大きな変化が生じた。

第一の変化は、グローバリゼーションに歯止めがかかったことだ。その結果、国家機能が強まった。さらに状況に迅速かつ柔軟に対処するために、司法権、立法権に対して行政権が優位になった。もっともグローバリゼーションに歯止めがかかったといっても、各国が鎖国状態になるわけでなない。国家を基本単位とするインターナショナリゼーションはこれまで以上に進んでいく。世界の秩序はグローバリゼーション（地球規模化）

からインターナショナリゼーション（国際化）に転換する。その結果、民主主義も、普遍的概念から、各国の独自の状況を活かした形に変容する。社会主義時代の中東欧における人民民主主義、朴正熙《パクチョンヒ》大統領時代に唱えられた韓民主主義（韓国型民主主義）、日本の大正デモクラシー運動における民本主義などの各国の状況に適応した民主主義の歴史から、批判的に学ぶことが重要になる。

コロナ禍による第二の変化は格差が拡大したことだ。しかもそれが四重の構造になっている。具体的には、国家間、国内地域間、階級間、ジェンダー間で格差が広がっている。格差の拡大によって国民としての一体感が崩れてしまう。そうならないようにするためにどの国も格差是正に取り組んでいる。しかし、問題は資本主義が格差を作りやすい体制であることだ。このことを理解するためにはマルクス経済学の知識が必要になる。資本主義体制の基本は労働力の商品化だ。その結果、必然的に富める者と貧しい者との二極分解が起きる。この仕組みについて、ここでは紙幅の関係で詳しく説明することができないので、詳しく知りたい読者は、池上彰／佐藤優『希望の資本論』（朝日文庫、二〇一六年）、佐藤優『いま生きる「資本論」』（新潮文庫、二〇一七年）に目を通していただきたい。格差を拡大する自由は、平等と異なるベクトルを指している。

国家権力（それは合法的な暴力装置である）によって平等を実現したのがソ連型社会主義だ。確かに、ソ連や中東欧に現実に存在していた社会主義国は、飢餓と失業を克服した。労働力の商品化は克服されたが、国民全員が国家に脅されて強制労働に就くような体制だった。そこには、欧米や日本のような自由はなかった。チェコのプロテスタント神学者ヨゼフ・ルクル・フロマートカは、共産党政権をドストエフスキーの長編小説『カラマーゾフの兄弟』で次男のイワンが物語る大審問官伝説との類比で捉えた。十六世紀のスペインで大審問官は、パンを平等に分かち合えることができない民衆が生き残るために独裁制を敷き、平等を実現していこうとする。大審問官は善意の独裁者なのである。フロマートカは、レーニンやスターリンを現代の大審問官であると解釈した。

ここで重要なのは原理的に代議制民主主義と独裁が矛盾しないことだ。いま、ある国の国会議員の定数が一〇〇人だとする。これを九九人にしたら民主主義が損なわれるだろうか？　損なわれないと考える人が大多数と思う。では、九八人にしたら？　この操作を繰り返すと最終的に一人が民意を代表する独裁制が可能になる。自由と平等の間で上手に折り合いをつける必要がある。一七八九年のフランス革命では、自由・平等・友愛という原則が掲げられた。自由と平等の間で折り合いをつける友愛の精神こそが民主主義と私は考えている。

本書を上梓するにあたっては中公新書ラクレの中西恵子編集長、フリーランスの編集者兼ライターの南山武志氏にたいへんお世話になりました。どうもありがとうございます。

二〇二一年二月十三日、曙橋（東京都新宿区）の書庫にて

作家・元外務省主任分析官　佐藤　優

本書は、『中央公論』二〇二〇年十二月号掲載の対談「菅政権発足にみるニッポンの危うい民主主義」（池上彰×佐藤優）に大幅に加筆、修正し、新原稿を書き下ろして刊行しました。

構成／南山武志
本文ＤＴＰ／市川真樹子

ラクレとは…la clef=フランス語で「鍵」の意味です。
情報が氾濫するいま、時代を読み解き指針を示す
「知識の鍵」を提供します。

中公新書ラクレ
725

ニッポン　未完《みかん》の民主主義《みんしゅしゅぎ》

世界《せかい》が驚《おどろ》く、日本《にほん》の知《し》られざる無意識《むいしき》と弱点《じゃくてん》

2021年4月10日初版

著者……池上《いけがみ》 彰《あきら》　佐藤《さとう》 優《まさる》

発行者……松田陽三
発行所……中央公論新社
〒100-8152 東京都千代田区大手町1-7-1
電話……販売 03-5299-1730　編集 03-5299-1870
URL http://www.chuko.co.jp/

本文印刷……三晃印刷
カバー印刷……大熊整美堂
製本……小泉製本

Published by CHUOKORON-SHINSHA, INC.
Printed in Japan　ISBN978-4-12-150725-9　C1236

中公新書ラクレ　好評既刊

L653
教育激変
――2020年、大学入試と学習指導要領大改革のゆくえ
池上　彰＋佐藤　優　著

2020年度、教育現場には「新学習指導要領」が導入され、新たな「大学入学共通テスト」の実施が始まる。なぜいま教育は大改革を迫られるのか。文科省が目指す「主体的・対話的で深い学び」とはなにか。自ら教壇に立ち、教育問題を取材し続ける池上氏と、「主体的な学び」を体現する佐藤氏が、日本の教育の問題点と新たな教育改革の意味を解き明かす。巻末には大学入試センターの山本廣基理事長も登場。入試改革の真の狙いを語りつくした。

L692
公安調査庁
――情報コミュニティーの新たな地殻変動
手嶋龍一＋佐藤　優　著

公安調査庁は謎に包まれた組織だ。日頃、どんな活動をしているのか、一般にはほとんど知られていない。それもそのはず。彼らの一級のインテリジェンスによって得られた情報は、官邸をはじめ他省庁に提供され活用されるからだ。つまり公安調査庁自身が表に出ることはない。日本最弱にして最小のインテリジェンス組織の真実を、インテリジェンスの巨人２人が炙り出した。本邦初の驚きの真実も明かされる。公安調査庁から目を離すな！

L709
ゲンロン戦記
――「知の観客」をつくる
東　浩紀　著

「数」の論理と資本主義が支配するこの残酷な世界で、人間が自由であることは可能なのか？「観客」「誤配」という言葉で武装し、大資本の罠、敵／味方の分断にあらがう、東浩紀の「生き延び」の思想。哲学とサブカルを縦横に論じた時代の寵児は、2010年、新たな知的空間の構築を目指して「ゲンロン」を立ち上げ、戦端を開く。いっけん華々しい戦績の裏にあったのは、予期せぬ失敗の連続だった。ゲンロン10年をつづるスリル満点の物語。